U0165924

圖解
系列

圖解

傳播理論

梁美珊　莊迪澎 編著

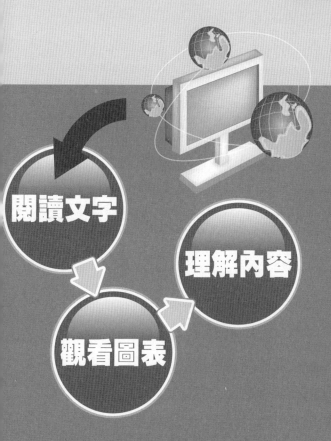

閱讀文字

理解內容

觀看圖表

五南圖書出版公司 印行

本書目錄

■ 第 4 章 ■ 傳播內容

■ 第 5 章 ■ 傳播媒體分析

第 **8** 章 **傳播制度**

第 **1** 章
概念導論

章節體系架構 ▼

UNIT 1-1
傳播（Communication）

提出人：諸家。

背　景：傳播的英文詞彙 Communication，其字根是 Community，意指「社群」；而無論是 Communication 和 Community，都是源自於拉丁文 Common-Communis，有「使彼此共同」和「分享」之意，即人們彼此分享某個訊息、意義、觀念或態度，並且經由這個分享過程建立共同性。

意　義：傳播有兩個非常重要的層次：
1. 傳播過程的品質在於要有高度參與的人，而且這些參與者有著某些共同的特性，例如經歷、價值觀和信念。
2. 傳播過程必然牽涉傳訊者編碼、收訊者解碼的工作，而傳播過程得以成功，傳訊者和收訊者務必使用相同的符碼——語言。

　　傳播被公認是人類與生俱來的溝通能力，人類社會是經由持續的溝通才得以形成，所以傳播也可說是一種社會過程。雖然傳播已成為其中一個最普遍和最常使用的英文詞彙，但是如何定義「傳播」仍然是件吃力不討好的工作；多年來許多學者試圖提出公認的單一定義，結果都徒勞無功。因此，傳播學文獻裡可找到各式各樣的定義。

　　不過，丹斯（Frank Dance）建議以三個面向來區分傳播的定義：
1. 抽象程度（abstractness）：有些定義廣泛且無所不包，例如「傳播是將生活世界中各個不連續部分彼此串聯起來的過程」；有些定義則比較具體，例如「一個傳遞訊息的系統如電話」。
2. 意向（intentionality）：有些定義只涵蓋有目的性的訊息傳送和接收，例如「傳訊者有意識地向收訊者傳送某個訊息，意圖影響後者的行為」；有些定義則不限於此，例如「它是一個讓兩個人或更多人共同理解某個訊息的過程」。
3. 規範性判斷（normative judgment）：有些定義包含說明傳播的成果、效率或精確性，例如「傳播是一種思想或觀念的言語交流」，假設了某個思想或觀念已經成果交流了；有些定義則不含這種判斷，例如「傳播是訊息的傳輸」，只提及訊息已經傳輸，但並不假設該訊息已被接收或被理解了。

　　以眾所周知的「傳播學」學門而言，除了以傳播理論和傳播研究方法兩個科目作為主幹，另有六個枝幹：
1. 人際傳播（interpersonal communication）：兩個人之間的互動過程，可從中觀察兩個人之間關係的演進。
2. 小團體傳播（small group communication）：人數介於 3 至 12 人之間的溝通，可從中研究溝通網絡所形成的互動結構。
3. 組織傳播（organizational communication）：一群各有職位與該扮演角色的人，在一個他們連結起來的動態開放系統中的溝通過程。
4. 公共傳播（public communication）：結合語藝和公共演說，重視表達技巧。
5. 文化間傳播（Intercultural Communication）：另稱跨文化傳播，是一個融合人類學、語言學和溝通的新興領域，研究不同文化背景的溝通者的溝通關係。
6. 大眾傳播（mass communication）：借助大眾媒體之力，傳達訊息給廣大、不知名的閱聽人時創造意義之過程。

傳播的要素

人
訊息傳播者或訊息接收者，可以是個人或團體

媒介
承載符號

符號
承載訊息，需要透過制碼及解碼過程來得到訊息

訊息
傳播內容

交流
可以是單向，或雙向交流

共識
透過交流，互相產生影響建立共識

媒介

交流
共識

人

$3 + x = 5$
$x = ?$

訊息 符號

傳播學者迪佛爾（Melvin L. Defleur）的傳播定義

傳播過程 = 訊息傳播者 $\dfrac{訊息}{媒介}$ 訊息接收者

傳播者與接收者有一定
程度的共同性，才能讓
訊息得以溝通及產生共識

UNIT 1-2
大眾傳播（Mass Communication）

提出人：諸家。

背　景：「大眾傳播」（Mass Communication）一詞始於 1930 年代末。雖然在 19 世紀末葉，「大眾」一詞含有「烏合之眾」、「不理性」，甚至「暴民」等貶義，但是後來已用來泛指龐大的數量、範圍或領域。因此，「大眾傳播」的「大眾」乃指涉人數龐大、無法細數的閱聽人，而「傳播」則指謂意義的交換和訊息的傳送與接收。

意　義：不同學者都曾從不同層面或角度為「大眾傳播」定義，早期由傳播學者麥奎爾（Dennis McQuail）所下的其中一個定義是：大眾傳播由機構和技術所組成，透過這些機構和技術，專業化的團體能夠運用技術設備（報刊、廣播、電影等），向龐大、異質而分布廣泛的閱聽人進行符號內容的播送。

「大眾傳播」過程不等同於「大眾媒體」，前者是指將訊息傳送給一群沒有特定組織的人之過程；後者則是將訊息材料載運傳送，使傳播過程得以實現的組織技術。在大眾傳播的過程中，傳播者通常代表媒體組織本身或受僱於該媒體組織的記者、編輯、主播、製作人等專業人員；或是其他經由購買媒體的傳播管道傳達訊息的人或組織，例如廣告商、政治人物、政府機關等等。「大眾媒體」最明顯的設計特點，就是能向大量的閱聽人傳播，而作為龐大集合體的閱聽人，乃由或多或少的匿名消費者組成。

至於傳播者與閱聽人的關係，麥奎爾曾如此評述道：「此一傳播關係屬於單向度或非個人的，傳送者和接收者之間也存在社會性的差距，一如身體上的距離。與接收者相比，傳送者通常擁有更多權威、聲望或專業素養；這種關係不僅不對等，也常受到刻意的算計和操縱，它根本上無關於道德，而是基於一種服務性質的承諾，或在回應某個不具有同等義務關係的不成文約定。」

大眾傳播作為一種存留在大眾媒體制度框架內的現象，其特徵包括：(1) 它位於公共論域，原則上向所有接受者開放，且要為其活動對社會負責；(2) 大眾媒體作為經濟、政治和文化的行動者，反映社會成員的思想和見解，因此在制度上被賦予相當大的自由；(3) 媒體制度形式上是無權的，缺乏權力和媒體自由之間，具有某種邏輯關係；(4) 是否參與媒體制度乃自願的，並無社會義務；媒體用途和閒暇之間聯繫緊密，而與工作或責任存在某種分離。

隨著資訊與傳播科技的變革，大眾傳播的定義也在改變中。新媒體環境的特徵包括：(1) 傳統分野清楚的科技如印刷和廣電，不再涇渭分明，而有匯流之勢；(2) 媒體資源從稀有變成豐饒；(3) 原供大眾消費的媒體內容，為適應小眾需求而變得更專門化；(4) 傳播媒體由單向演變為雙向互動。

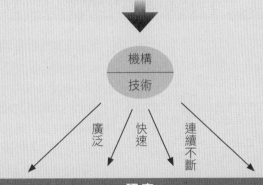

為數眾多、分布廣泛、成分複雜及各不相干的個體受到專業化的傳播技術手段的影響接收了訊息。

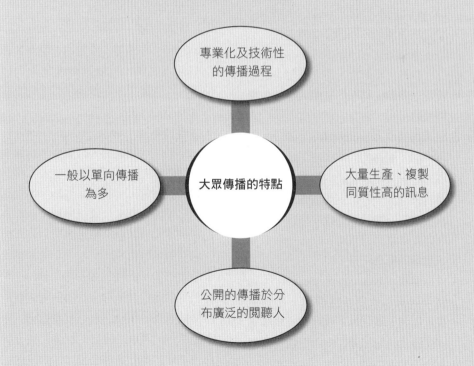

UNIT 1-3
人類傳播的類型（The Types of Human Communication）

提出人：諸家。

背　景：傳播訊息是人類與生俱來的能力，無時無刻都有範圍或大或小的傳播活動。了解人類傳播就是理解人與人之間如何以互相傳遞訊息來溝通。

意　義：人類傳播的類型，個別學者有不同的分類，以下各類型人類傳播是根據傳播的對象範圍加以分類：

1. 內向傳播（intrapersonal communication）：內向傳播也稱為自我傳播，是指一個人自己內心在自我交流或自言自語的傳播狀態。個人本身可以完成發送訊息、接收訊息及處理訊息的傳播過程。

2. 人際傳播（interpersonal communication）：兩個人或兩個人以上的交流，這包括各種形式的訊息傳播過程，交談、書信來往、通電話或網路溝通，都可以是人際傳播。個人與個人之間要建立共識，有賴於有個人經驗重疊的互動。

3. 組織傳播（organization communication）：團體的內部傳播，參與傳播過程的成員是以組織內的職責身分來溝通交流。一般上，傳播方式比較正式，並且依據明確的程序進行。傳播內容則有特定的傳播目的，一般以完成組織目標為任務。

4. 大眾傳播（mass communication）：傳播過程牽涉大眾傳播機構，例如電視、電臺、報紙等，這些傳播機構用技術性的經營和運作向大多數人傳播

訊息。傳播對象是散漫且沒有組織的個人或稱為烏合之眾。

5. 國際傳播（international communication）：國際傳播是指任何跨越國界的傳播行為，另外也包含了促進各國交流的跨文化傳播。

此外，以下是以互動性質來區分人類傳播的類型：

1. 面對面傳播（face-to-face communication）：傳播過程的參與者相處於同一空間，雙方面對面溝通；其傳播行為跨越了語言和非語言的方式，讓傳播的訊息更加明確。此外，面對面傳播的回饋，是所有傳播類型中最直接且立即的。

2. 小團體傳播（small group communication）：小團體一般是由一群有共識的個人組成，可以是兩人或兩人以上。小團體成員在傳播過程中有直接且完整的互動與交流。

3. 大團體傳播（large group communication）：大團體的人數龐大，傳播過程很難達到充分且完整的交流，團體內成員有著不同的傳播經驗，得到的訊息也因人而異。傳播過程的參與者有著不同的角色，傳播內容一般會由意見領袖帶領。

4. 公共傳播（public communication）：公共傳播通常是有目的的傳播活動，傳播者處於積極的角色宣導訊息，訊息的接收者處於被動的狀態，被安排在一定的空間接收已設計好的訊息。

人類傳播的動機

馬斯洛的需要層次理論（Hierarchy of Needs, Maslow, 1954）

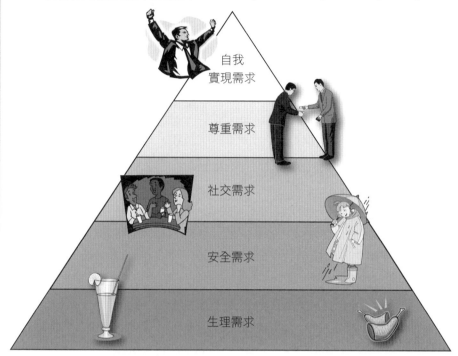

1. 生理需求：為了維持人類自身的生存，人類有必須滿足呼吸、水及食物等基本的需求。生理需求是推動人類傳播的首要動機。
2. 安全需求：人類的傳播行為可以滿足人類對人身安全、健康保障及財務保障等安全上的需求。
3. 社交需求：友情、愛情及親情等感情的需求是人類傳播的目的之一。
4. 尊重需求：為了滿足有地位、受人尊重的需求，人類必須自我尊重、有個人能力及成就等。
5. 自我實現需求：自我實現的需求主要是努力實現個人的潛能，完成自己能力內所能達成的事物，最後接受自己也得到他人的尊重。

人類傳播的發展

面對面傳播 ➡

媒體傳播：	
書面傳播	書信、書籍、報紙、雜誌及手冊等
電訊傳播	電話、廣播、電視、電影、電郵及臉書等

UNIT 1-4
傳播的社會功能（The Function of Communication）

008

提出人：拉斯威爾（Harold Dwight Lasswell, 1902-1978），美國政治科學者、傳播學者，曾任耶魯大學教授，被譽為傳播學四大奠基人之一。賴特（Charles R. Wright），美國傳播學者、社會學者。

背　景：拉斯威爾在 1948 年的一篇文章〈傳播在社會裡的結構與功能〉（The Structure and Function of Communication in Society）裡，提出他對於大眾傳播媒體所承載的三種重要社會功能之觀點。

意　義：拉斯威爾是首位從社會結構論述傳播媒體之主要社會功能的學者，他認為傳播媒體的三種重要社會功能為：守望環境、協調反應，以及文化傳承。社會學家賴特在 1960 年對拉斯威爾的觀點加以補充，指出大眾媒體還有第四種功能，即娛樂功能。

拉斯威爾所提的大眾媒體的三種重要社會功能，皆有調節社會之作用：

1. 守望環境（the surveillance of the environment）：大眾傳播提供偵測環境的資訊，就影響社會大眾的威脅與機會提出預警，例如氣象預報、股市票行情及交通狀況等，都是能為大眾守望環境。隨時讓閱聽人預知環境中可能遭遇的危機或轉機，使得閱聽人能妥善應對變化。不過，倘若大眾傳播過度強調危險訊息，可能會引起社會過度的不安和恐慌。

2. 協調反應（correlation）：大眾媒體的內容呈現多元意見，此過程不但可以協調連結社會各種不同的意見，還可以維繫社會共識，以便共同適應周圍的環境。大眾媒體有責任反映民意及監督政府，對環境作出批評及提出解決方案。

3. 社會文化傳承（the transmission of the social heritage from one generation to next）：大眾媒體有傳承社會遺產之義務，經由所傳播之內容將社會價值觀、文化及規範傳遞給社會的新生代，讓傳統得以代代相傳。然而，倘若媒體過度宣傳社會的主流文化，往往造成多元的次文化遭到邊緣化。

賴特補充之娛樂功能（entertainment）：大眾媒體通過傳播娛樂訊息，為大眾提供消遣，讓人們可以休閒、放鬆身心。不過，媒體的娛樂內容也容易讓人逃避現實。

另一方面，拉查斯斐及墨頓（Lazarsfeld & Merton）也曾在 1948 年提出大眾媒體具有下列三種功能：

1. 地位賦予（status conferral）：某些人和事會因為得到媒體報導而身價翻倍，地位較之前來得重要和有意義。

2. 加強社會規範（enforcement of the social norms）：媒體報導偏離社會規範的偏差行為，導致人們對這些偏差行為產生刻板印象；但是倘若媒體過度強化刻板印象及勸服人們安於現狀，便會妨礙社會創新發展的機會。

3. 麻醉人心（narcotizing）：大眾媒體常常報導不尋常的社會訊息，以刺激閱聽人的感官，但久而久之，閱聽人會對不尋常事件麻木不仁、漠不關心。此外，閱聽人也會容易忽略一般正常的重要事務。

聯合國教科文組織（United Nations Educational, Scientific and Cultural Organization, UNESCO）於 1980 年發表的《多種聲音，一個世界》（*Many Voices, One World*）中所敘述的傳播功能：

1. 訊息	各種數據、圖像、意見及新聞等的流通、處理和蒐集等都可以幫助我們對個人、環境、國家及國際上的認識。
2. 社會化	傳播讓社會大眾能享有共識以便可以積極參與社會活動及促進社會凝聚力。
3. 推動力	傳播有助於達成社會的短期及終極目標。
4. 辯論及討論	訊息的交流可以對公共課題的不同觀點作出澄清以達成協議及共識。
5. 教育	傳授知識或傳授生活技能。
6. 傳承文化	推廣文化及藝術作品，以傳承傳統文化及發展個人的藝術創造力。
7. 娛樂	提供個人或社會大眾享樂的資訊。
8. 凝聚力	資訊的多元化提供社會大眾一個可以瞭解彼此的機會，進而產生社會的凝聚力。

墨頓（R. Merton）的功能論

墨頓（R. Merton）認為功能除了為社會帶來正面的影響以外，也會帶來其他不同影響的可能性。墨頓提出了三種功能：

顯性功能（manifest functions）

正面及公開的功能，是一般社會想達成的功能。傳播的顯性功能就如拉斯威爾所提出有調節社會作用的三種功能。

隱性功能（latent functions）

傳播除了能產生一般社會所期許的功能以外，也會帶來一些預想不到的功能。例如傳播可以讓訊息流傳給大眾，讓大眾可以享有訊息的機會，但是卻忽略了知識鴻溝、媒體擁有權的問題等，造成大眾沒有得到公平或平等的資訊自由。

負功能（dysfunctions）

除了有正面的傳播功能以外，也會有負面的傳播功能。麻醉人心就是傳播負功能的例子。

第 2 章
傳播模式

●●●●●●●●●●●●●●●●●●● 章節體系架構

UNIT **2-1**
拉斯威爾模式（The Basic Theory of Harold Lasswell）

012

提出人：拉斯威爾（Harold Dwight Lasswell, 1902-1978），美國政治科學者、傳播學者，曾任耶魯大學教授，被譽為傳播學四大奠基人之一，是1950年代至1970年代美國社會科學的泰斗。

背景：拉斯威爾是在1948年的一篇文章〈傳播在社會裡的結構與功能〉（The Structure and Function of Communication in Society）裡提出建構傳播過程的五大基本要素，以簡明易懂的模式明確地表述人們的複雜傳播行為，指引著早期傳播研究的基本典範。

意義：拉斯威爾傳播模式的五大基本要素為5W：Who（誰）、Say what（說什麼）、In which channel（用什麼通道）、To whom（對誰說）、With what effect（有什麼效果）。

拉斯威爾模式指出，傳播訊息可以經由多個通道來傳送，其中「誰」關切訊息控制的問題，代表「傳播者分析」，「說什麼」是指「傳播內容分析」，「用什麼通道」是指傳播通道的「傳播媒體分析」，「對誰說」是指傳播給誰的「閱聽人分析」，「有什麼效果」是指資訊傳布功能的「傳播效果分析」。

拉斯威爾模式提出開創性地形成了傳播學研究的五大形態，引導傳播研究者關注不同的研究領域，對日後傳播研究帶來了重要的影響。

拉斯威爾模式被批評過於簡單化，在這模式中，傳播被描述為一種單向的線型傳播過程，少了閱聽人的回饋（feedback）因素，忽略了傳播是一種雙向的互動行為。在傳播過程中，傳播者一般都處於主動的狀態，但這不表示所有的閱聽人都處於被動；再說，傳播者與閱聽人的角色可以互相轉換，並非固定不變。

拉斯威爾模式是一項微觀的觀察，忽略了傳播行為是處於複雜又多重的社會體系當中。傳播者和閱聽人的文化背景、當下的社會制度及各種干擾因素，都會對傳播過程產生影響。在拉斯威爾模式中，媒體的存在被視為理所當然，媒體對社會的影響遠遠超乎社會對媒體的影響。

另外，該模式把傳播行為等同於宣傳，傳播者的訊息具有說服的目的，並認為每個傳播過程都能產生一定的傳播效果，但是並非所有的傳播行為都具有目的性，傳播效果也未必達成。傳播學者布萊達（R. Braddock）曾在拉斯威爾模式中添加了另外兩個要素，即訊息在什麼環境下傳送，以及傳播者的傳播動機。

雖然拉斯威爾模式有許多不足之處，但是為了更容易了解千變萬化的傳播行為，模式不得不把現象簡單化，以強調關鍵部分。

拉斯威爾（Harold Dwight Lasswell, 1902-1978）

拉斯威爾是傳播學開山鼻祖。拉斯威爾身為美國的政治學者，卻對傳播研究有重要的影響。他在 1927 年寫的論文《第一次世界大戰的宣傳技術》是傳播研究的經典著作，也打開了對媒體宣傳研究的第一頁。

5 個傳播要素　　　研究傳播形態的主要範疇

誰

傳播者分析
例如：守門人研究去分析傳播者如何處理訊息、理解訊息及訊息來源的篩選問題是傳播者分析的重要面向。

013

說什麼

傳播內容分析
傳播符號與語言的研究，加強了傳播學者對文本分析的重視。制碼及解碼讓傳播界認識了訊息送出及接收時的轉換問題，並進一步對訊息的解讀有不一樣的了解。

用什麼通道

傳播媒體分析
媒體所有權及媒體壟斷的問題是研究傳播媒體的主要範疇。

對誰說

閱聽人分析
閱聽人使用媒體動機及參與傳播活動的程度是閱聽人分析所關心的問題。

有什麼效果

傳播效果分析
效果研究能讓傳播學者預估訊息傳播的效果，以便籌劃有效的訊息傳播。

UNIT **2-2**
線性模式（Linear Model）

提出人：夏農（Claude E. Shannon, 1916-2001），美國數學家、電子工程師、密碼員，被譽為「資訊理論之父」。韋佛（Warren Weaver, 1894-1978），美國科學家、數學家，被廣泛認定為機器翻譯的先驅之一。

背　景：傳播模式是指以簡化的視覺圖表來說明傳播過程，早期有三個流行的模式，線性模式是最早的傳播模式。他們是在 1949 年出版的《傳播的數學理論》（*The Mathematical Theory of Communication*）一書中，提出此線性模式。

意　義：夏農和韋佛透過檢驗資訊如何通過不同的通道傳輸，來了解無線電和電話技術。他們把資訊傳輸看成是一個線性過程，並因此開創了傳播的線性模式，即傳播是把訊息傳輸到某目的地的單向過程，例如某人撥通電話，問了一句「你聽見我的聲音嗎？」接聽電話的另一人聽見，傳播也就發生了。

線性模式包含幾個組件：發訊人就是資訊來源（source），而訊息（message）可以是口語、書寫或非口語；發訊人將訊息傳輸給作為訊息目的地的收訊人（receiver），收訊人接到訊息後，賦予訊息意義（meaning）。這個傳播過程是在一個通道（channel）中發生，通道通常代表我們的感官（視覺、觸覺、嗅覺、聽覺）。

在線性模式中，傳播過程也含有噪音（noise），即干擾訊息的任何事物。有四種噪音足以干擾訊息：

1. 物理噪音（physical noise）：收訊人周遭的刺激，例如某人接聽電話，所在之處卻有人打樁，造成他無法聽清楚電話裡的訊息。物理噪音也可以是收訊人正在穿戴某件飾物，導致他專注於該飾物，更甚於聽取訊息。

2. 生理噪音（physiological noise）：指訊息接收過程中的生物影響，例如聽障、視障，或是揚聲器是否能正常操作。

3. 心理噪音（psychological noise）：指傳播者對某人或某訊息的偏見、成見和感覺；例如，當我們聽到某人使用貶損的語言談論某個文化群體，倘若我們被這類語言所困擾，那就是遇到心理噪音了。

4. 語義噪音（semantic noise）：指發訊人和收訊人對同一訊息賦予不同意義，包括專業術語、技術語言，或是發訊人熟悉，但收訊人並不了解的其他字眼或片語。

線性模式認為，傳播是在某個脈絡（context）或環境中完成訊息傳輸。脈絡是多面向的，包含物理（如行駛中的交通工具）、文化的（如習俗、規章）、心理的（如溝通雙方的關係、態度）或歷史的（與往昔的訊息對照）。

線性模式備受批評的一點，是它假定傳播具有可定義的開始和結束。夏農和韋佛後來確實強調這一點，宣稱人們是以有組織和分立的方式接收訊息；然而，傳播過程卻可以是雜亂無章的，我們既干擾別人，也被別人干擾。線性模式也假定傳播是由發訊人所為，而收訊人是被動的；然而，實際上收訊人經常會影響發訊人，並非僅僅是訊息的被動收訊人。

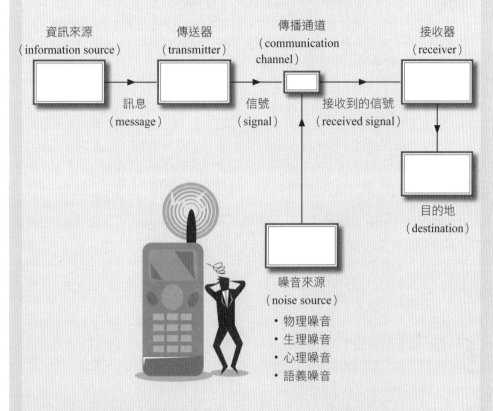

線性模式（Linear Model）

資訊來源
（information source）

傳送器
（transmitter）

傳播通道
（communication channel）

接收器
（receiver）

訊息
（message）

信號
（signal）

接收到的信號
（received signal）

目的地
（destination）

噪音來源
（noise source）

- 物理噪音
- 生理噪音
- 心理噪音
- 語義噪音

知識補充站

夏農和韋佛提出的線性模式與電話訊息傳送過程相關

夏農和韋佛兩人為數學家出身，他們的研究原本與傳播無太多關係，主要的目的是探討技術上的問題。他們為了研究電話訊息傳送過程，在進行電話實驗時設想了傳播線性模式，以了解傳播者如何將訊息傳送給受眾，以便分析如何減少傳播過程中的噪音干擾。他們將模式中的資訊來源及目的地，傳送及接收刻意分開，主要是要將電話訊息傳送過程應用在機械系統上。

UNIT 2-3
互動模式（Interactional Model）

圖解傳播理論

提出人：宣偉伯（Wilbur Schramm, 1907-1987），曾任美國愛荷華大學新聞學院院長，並先後創辦了四個傳播學研究機構，一生撰寫、主編了近 30 部著作及大量學術論文，是美國傳播學的主要奠基人和集大成者，被譽為「傳播學之父」。他在 1954 年的一篇文章〈傳播如何發生〉裡提出傳播的互動模式。

背　景：夏農與韋佛（Shannon & Weaver）在 1949 年提出的線性模式，最初得到高度肯定，但它假定傳播過程有個可以界定的起點和重點，而且認定收訊人是被動的，傳播乃由發訊人完成。這個假設招致批評後，傳播研究人員開發了互動模式來闡述人際傳播過程。

意　義：宣偉伯提出的「互動模式」，強調人際傳播的雙向性質，即從發訊人到收訊人，以及從收訊人到發訊人。這個交流或循環過程要闡明的是，傳播是一個持續不斷的過程，而不是線性的；對話中的個體可以是發訊人和收訊人，但不能同時是兩者。

互動模式的主要特徵是注重收訊人的回饋。所謂「回饋」，意指收訊人對發訊人做出的反應、回傳的訊息，或兩者兼而有之。回饋可以是言語的（以文字或口語加以表意）或非言語的（以臉部表情、身體姿勢等加以表意）。回饋也可分為內部和外部兩種，內部回饋是指吾人自我評估自己的溝通情況，例如心裡暗忖：「我真不該這麼說！」外部回饋則是收到來自他人的回應，例如朋友對你說：「你為什麼這樣說？那是不理智的！」

某人發出外部回饋之同時，該回饋同時也可以成為傳遞給自己的內部回饋。例如，當小琪因為某件事情而難過痛哭時，小蕾對她安慰道：「想哭就哭，別理會別人怎麼想，這本來就是你最真實的感情。我厭倦了許多人總是愛告訴別人碰上什麼事該有什麼樣的反應。」小蕾說著這些話時，雖然是傳遞給小琪的外部回饋，但小蕾可能也會察覺到，她其實也是在自我安慰，在告訴自己應該如何處理自己最近遇上某件事情時的情緒。

互動模式雖然補強了線性模式之不足，但它仍然備受批評，主要在於它關於發訊人和收訊人的觀點，即一個人將訊息發送給另一個人，而且沒有考慮到在言語訊息傳送過程中，倘若同時出現非言語訊息，會發生什麼事。例如，當父親在責備孩子時，發現孩子的目光望向他處，而不是望著他時，父親會把孩子的非言語溝通解讀為注意力不集中或不聽話。然而，倘若孩子沉默不語，那又代表什麼？父親還是會對孩子的沉默做出自己的解讀。互動模式的觀點承認人際傳播包含說和聽，但卻認為說和聽是個別分開的事情，因此在訊息傳送時不涉及非言語溝通的效果。

宣偉伯（Wilbur Schramm, 1907-1987）

互動模式（Interactional Model）

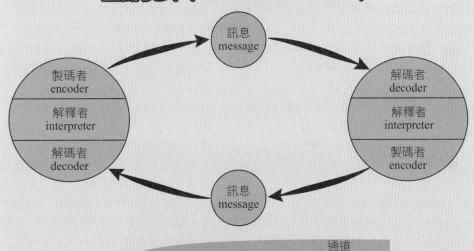

017

知識補充站

宣偉伯的「互動模式」

宣偉伯將參與傳播過程雙方的關係對等，雙方都同樣有履行製碼（encoding）、解碼（decoding）和解釋（interpreting）的能力。模式中的製碼負責類似訊息傳送的功能，解碼負責類似訊息接收的功能和負責解釋類似訊息傳送的源頭與目的地的功能。模式描述參與傳播過程的雙方都是一個個別的傳播體系，在接收到訊息後會自我詮釋，並賦予意義，然後將回應對方的內容由製碼過程再回饋給對方。

UNIT 2-4
ABX 模式（ABX Model）

提出人：紐康（Theodore Mead Newcomb, 1903-1984），美國社會心理學家，曾任密西根大學教授、社會問題心理學研究學會主席、美國心理學會主席。

背　景：紐康是在 1953 年發表的期刊論文〈溝通行為的研究途徑〉（An Approach to the Study of Communicative Acts）裡提出 ABX 模式之概念，剖析人際互動中認知與態度的變化。此概念又稱為調和模式或對稱模式。

意　義：ABX 模式乃延伸自黑德（Fritz Heider, 1896-1988）的「平衡理論」（balance theory），紐康把「平衡理論」的自我的認知平衡擴大到人際互動的認知平衡，指出在群體互動中，人們的認知與態度的變化並不取決於認知主體的自我平衡，而是受到人際互動的影響。

黑德的研究描述了人們常常會在不一致的訊息當中取得調和，紐康的 ABX 模式根據黑德的研究構想了一個支持「趨向」（orientation）的傳播過程。

ABX 模式主要是要解釋，在傳播過程中，傳播者為了使傳播過程得以達到認知調和的狀態，會有影響另一方的企圖。紐康將傳播過程分為三個簡單要素：A 與 B 均為訊息認知者或傳播對象，X 為訊息。A、B、X 三個要素構成四種關係，即 AB 的認知、AB 的回饋、AX 的認知或認知回饋，以及 BX 的認知或認知回饋。A 與 B 的角色是替換的，當 A 是訊息認知主體時，B 就是傳播對象，A 將 X 的認知傳於 B 的同時，B 也會回饋對 X 的認知。當 B 是訊息認知主體時，認知系統反之亦然的運作。A 與 B 的認知系統往往交疊形成一個複合的認知系統。

ABX 模式呈三角形，表示 AB 兩個個體都會盡力達成調和的傳播過程，AB 相互調整彼此對 X 的認知與態度，以維持 ABX 之間關係的對稱。唯有 AB 互相趨向對方對 X 的認知，才能維持三角形的對等關係。

紐康認為，要產生傳播過程需要加入了一些新的限定條件：(1) 傳播參與者之間具有強烈的吸引力；(2) 訊息至少對其中一位參與者具有意義；(3) 訊息對參與者雙方都有一定的關聯性。紐康曾調查一群學生相互吸引的現象，發現人們都會強烈的趨向有共同價值觀與態度的人。因此，在紐康的 ABX 模式來看，人們在他們對訊息的認知中都有一種尋求一致或和諧的趨向。

不過，ABX 模式過於簡單，傳播過程中明顯缺少了媒介要素，因此 ABX 模式比較適用於描述個人和小團體的傳播活動。另一方面，大眾傳播的訊息認知主體更為多元，因此在傳播活動當中要達到 ABX 三角形的對稱，相對較難。另外，並非所有的傳播活動都帶有目的性，很有可能有些傳播過程是無目的的。後來，魏斯理與麥克林（Westley & MacLean, 1957）將紐康的 ABX 模式加於改良，加入媒體要素以修正 ABX 模式的不足。

黑德（Fritz Heider, 1896-1988）的「平衡理論」（Balance Theory）又稱為 P-O-X 模式，是社會學對分析人際關係的理論之一。黑德認為一個令人滿意的人際關係必須有平衡的社會認知。如果社會認知出現不平衡的狀況會導致人際關係緊張，所以一般人都會嘗試改變自己或其他人對相關課題的認知以達到平衡的關係。

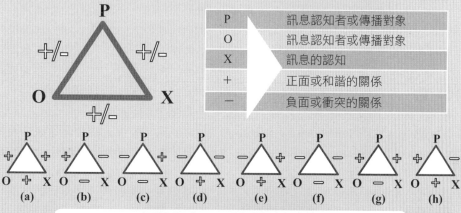

P	訊息認知者或傳播對象
O	訊息認知者或傳播對象
X	訊息的認知
＋	正面或和諧的關係
－	負面或衝突的關係

黑德假定了 8 種認知的關係

a	三個要素的關係是正面的，認知關係是平衡的。	e	P 與 O 的關係負面，X 與 P 的關係正面。X 與 O 的關係正面。P 的認知是不平衡的。
b	P 與 O 的關係正面，X 與 P 的關係負面。X 與 O 的關係負面。認知關係是平衡的。	f	三個要素的關係是負面的，認知關係是不平衡的。
c	P 與 O 的關係負面，X 與 P 的關係正面。X 與 O 的關係負面。P 的認知是平衡的。	g	P 與 O 的關係正面，X 與 P 的關係正面。X 與 O 的關係負面。P 的認知是不平衡的。
d	P 與 O 的關係負面，X 與 P 的關係負面。X 與 O 的關係正面。P 的認知是平衡的。	h	P 與 O 的關係正面，X 與 P 的關係負面。X 與 O 的關係正面。P 的認知是不平衡的。

X（訊息）

A（訊息認知者或傳播對象）　　B（訊息認知者或傳播對象）

ABX 三個要素 構成 四種關係

1. AB 的認知
2. AB 的回饋
3. AX 的認知或認知回饋
4. BX 的認知或認知回饋

ABX 模式（ABX Model）

UNIT **2-5**
共同趨向模式（Co-orientation Approach）

提出人：麥克勞（Jack M. McLeod, 1930- ）、柴菲（Steven H. Chaffee, 1935-2001），兩人皆為美國傳播學者，曾任美國威斯康辛大學麥迪森分校傳播學院教授。

背　景：麥克勞和柴菲是在 1973 年發表的期刊論文〈個人與社會對尋求資訊的預測〉（Individual vs. Social Predictors of Information Seeking）裡提出共同趨向研究途徑，後來再引用風箏圖形以敘述傳播過程的基本概念。

意　義：麥克勞與柴菲受到早期符號互動學說（symbolic interactionism）的研究所影響，將紐康（Theodore Mead Newcomb）的 ABX 模式加以改良，加入媒體元素以修正 ABX 模式的不足，再發展出共同趨向研究途徑，以解釋社會情境的各個元素在傳播過程中相互影響的複雜關係。共同趨向模式強調傳播研究應包括資訊來源、傳播者與接收者主要元素，並以風箏圖形闡述各個社會情境元素的傳播關係，以及其潛在的傳播動力。

在共同趨向模式中，「精英分子」（elites）一般代表著某一方面的利益，意圖透過大眾傳播的影響來改變公眾對議題的看法和態度，這些精英階層包括政治利益團體、技術官僚及上層社會等。「論題」（issues）是指目前一般公眾所議論的事件，麥克勞與柴菲以一組 X 來描繪這些引起公眾爭議的事件。「公眾」（public）是指與議題有關或受

議題影響的有組織的公眾，或共同生活團體。「媒體」（media）是指處理公共事務的新聞從業員，如記者、編輯等。最後連接各個元素的線條代表著傳播過程中的各個元素的關係、態度與對事件的認知，也象徵著互動的傳播關係，以及動態的傳播情境。

共同趨向模式指出傳播研究對於人際傳播或組織傳播中互動性傳播的關係。一般的公眾往往會依賴個人經驗、精英分子的觀點及大眾媒體的傳播狀況，以尋求事件或議題的相關資訊。

共同趨向模式強調傳播的平衡、和諧與尋求支持性資訊的過程有賴於公眾與精英分子的互動關係、公眾對大眾媒體信賴度，以及精英分子與大眾傳播媒體的關係。他們假設公眾、精英分子與大眾媒體對某事件或議題具有一致的態度和意見，因為只有和諧的傳播過程才能形成風箏圖形。

如果公眾、精英分子與大眾媒體無法對某事件或議題保持一致的態度和意見時，利益團體就可能會透過大眾媒體來影響公眾對相關事件或議題的認知，以達到態度和意見一致的和諧狀態。當然公眾也不會一直被利益團體或大眾媒體牽著走，因為共同趨向模式強調傳播具有雙向及互動的特性，加上麥克勞與柴菲注重動態的傳播情境和協調的過程，因此傳播過程不容易出現單方面的議題支配問題。

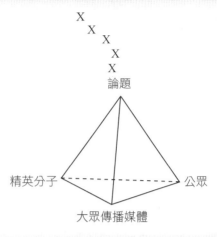

共同趨向模式
只有和諧的傳播過程才能形成風箏圖形

精英分子（elites）	政治利益團體、技術官僚及上層社會等。
論題（issues）	目前一般公眾所爭議的事件。
公眾（public）	受議題影響的的人。
大眾傳播媒體（media）	傳播組織或處理議題的單位。

精英主義

- 精英主義將社會裡的人分為「精英」及「大眾」兩種。
- 從柏拉圖思想的傳播開始，統治的職務被所謂的精英所壟斷。
- 精英主義者認為大眾是無知及自私的，所以不適合參與政治。
- 雖然精英分子屬於人群中的少數，但是他們卻掌控了社會裡大部分的資源。
- 精英分子是社會的利益團體，他們不認同迎合大多數人的利益，為了保護本身的利益、權力及身分地位，他們嘗試透過媒體去影響大眾對議題的看法。
- 媒體因為被大財團壟斷及媒體擁有權的問題，往往在訊息的處理及呈現中傾向精英分子的觀點。
- 大眾無論在訊息的自由流通或訊息的傳播權力等都沒有得到公平及平等的對待。

UNIT **2-6**
葛伯納模式（Gerbner Model）

提出人：葛伯納（George Gerbner, 1919-2005），匈牙利裔美國學者，曾任美國賓州大學安南堡傳播學院院長長達 25 年（1964-1989），主導該學院之成長及在傳播理論研究的影響力。

背　景：葛伯納是在 1956 年發表的期刊論文〈建構傳播的一般模式〉（Toward a General Model of Communication）裡提出一個廣泛涵蓋各種不同傳播研究領域的模式。

意　義：葛伯納深受拉斯威爾（Harold Dwight Lasswell, 1902-1978）及夏農（Claude E. Shannon, 1916-2001）的影響，既擴展拉斯威爾的傳播模式，也對夏農與韋佛的數學模式作出比較，並且提出十個大眾傳播研究領域的一般性傳播模式：

葛伯納模式顯示傳播過程的主觀性，事件往往經過選擇與過濾才傳送到閱聽人。事件（E）被傳播者（M）所認知，經過傳播者個人的經驗、觀點、假設及社會情境等因素影響，事件被詮釋（E_1），然後再輸送到傳播通道。傳播通道的近用性及控制都無時無刻影響著訊息的傳遞或事件的敘述。另外，傳播通道對事件加以製作，並以某種形式呈現傳播內容，以達到某些結果。

葛伯納提出的十個大眾傳播研究領域的語言模式，只在強調傳播過程裡的各個面向，並不足以截然劃分傳播研究。

模式	研究領域
1. 某人	傳播者與閱聽人研究
2. 認知某件事	認知的研究
3. 並且做出反應	效果測量研究
4. 在某情境中	心理與社會情境研究
5. 經由某些通道	通道與媒體的控制研究
6. 將現有的材料加以製作	媒體經營、運送與資訊取用自由的研究
7. 以某種形式	訊息結構、組織、風格與類型的研究
8. 在某種脈絡下	傳播情境與其先後序列的研究
9. 傳送內容	內容分析與訊息意義的研究
10. 產生某些結果	整個傳播效果與社會影響的研究

葛伯納模式

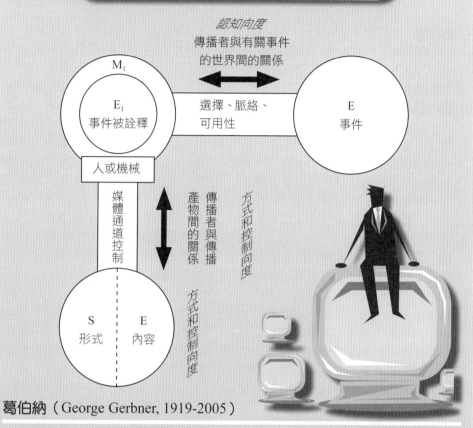

認知向度
傳播者與有關事件
的世界間的關係

M_1

E_1
事件被詮釋

選擇、脈絡、
可用性

E
事件

人或機械

媒體通道控制

傳播者與傳播
產物間的關係

方式和控制向度

方式和控制向度

S　　E
形式　內容

葛伯納（George Gerbner, 1919-2005）

- 他的論述提出了批判性的研究方法，雖然葛伯納是美國傳播研究的重量級學者，但是他的研究有別於美國當時的主流傳播研究方式。
- 他的研究有別於耶魯學派的心理學及哥大學派的社會學，葛伯納的文化指標研究更取向歐陸學派的批判傳播理論的觀點。
- 葛伯納的研究除有深度地分析電視的內容以外，另外他也探討電視如何影響閱聽人的態度及看法。

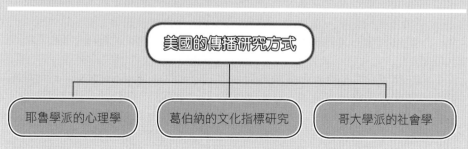

美國的傳播研究方式

耶魯學派的心理學　　葛伯納的文化指標研究　　哥大學派的社會學

UNIT 2-7
魏斯里與麥克林模式（Conceptual Model for Mass communication）

提出人：魏斯里（Bruce H. Westley, 1915-1990）、麥克林（Malcolm S. MacLean, Jr., 1920-1974），他們皆為美國傳播學者。

背　景：魏斯里和麥克林是在 1957 年發表的期刊論文〈傳播學研究的一個概念模式〉（A Conceptual Model for Communication Research）裡，提出有必要以不同的傳播模式來描述各種不同的傳播情況，經由探討過去的傳播研究，他們修正紐康模式，以提出一個更完善的傳播模式。

意　義：魏斯里與麥克林模式強調資訊來源的多元化，是傳播對象所不能完全親眼目睹或親身感受的，因此傳播對象有必要依賴媒體來滿足他們對訊息的需求。然而，媒體在選擇多元的資訊來源，以製碼成為能與傳播對象分享的符號形式時，往往是以守門人的角度來過濾這些資訊，因而傳播對象接受的訊息通常只是事件的冰山一角。

魏斯里與麥克林最初提出的模式（一）中，以傳播者（A）的角色從事件中的多元資訊（X_1 到 X_∞）中加以選擇並詮釋訊息（x'），然後再傳遞給傳播對象（B）。雖然 B 也有可能直接接收和選擇資訊來源 x_{1b}，但是 B 往往會期盼 A 提供其他的訊息，以便更了解事件。一般 B 都會有意識或無意識地對 A 回饋（f_{BA}）。

由於模式（一）裡的 A 所提供的有限訊息不足以滿足 B 的需求，因此 B 會期盼從別的通道得到更多訊息。

模式（二）中，魏斯里與麥克林增加了傳播通道（Channel, C），以便更專業地提供訊息給 B。C 因為有競爭的關係，所以會為 B 提供更多元、更全面且更客觀的訊息，以滿足 B 對訊息的需求。

在此模式中，C 也代表了傳播媒體機制的運作，從記者現場採訪、撰寫新聞稿、編輯審稿、報社高層會議、報業規範及出版等，都環環相扣。傳播媒體機制裡，每個關卡都涉及過濾訊息的權力，就好像守門人的角色一樣。

魏斯里與麥克林提出 C，使得後人開始關注大眾媒體對傳播過程的影響，也激發了傳播學者對守門人（gate-keeper）的研究。模式中，資訊來源顯得多元，傳播對象（B）可以從不同通道接收訊息，傳播媒體（C）內部也可以有不同的資訊來源，比如記者或編輯都可能得到第一手的消息。

另外，魏斯里與麥克林對回饋（feedback）描寫詳盡，B 可以對傳播者回饋（f_{BA}），也可以對媒體回饋（f_{BC}）。另外，媒體可以對傳播者回饋（f_{CA}），也可以在媒體機制內相互回饋，比如記者與編輯的相互回饋等。魏斯里與麥克林模式裡對回饋的描寫，較之前的模式來得真實。

魏斯里與麥克林提出資訊多元化，以及強調傳播通道更能全面地提供訊息等觀點，忽略了真實社會裡政治與經濟的權力運作。守門人往往受到政治與經濟的權力影響而不能公正客觀地報導事件。事件經過守門人的過濾與選擇，呈現給傳播對象的訊息往往只不過是事件的某個角度，或某個部分而已。

魏斯里與麥克林模式（一）

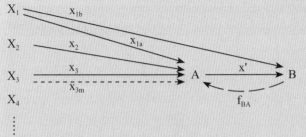

X_1 到 X_∞	多元資訊
A	傳播者
X'	選擇並詮釋後的訊息
B	傳播對象
X_{1b}	B 也有可能直接接收和選擇資訊來源
f_{BA}	B 都會有意識或無意識地對 A 回饋

雖然 B 也有可能直接接收和選擇資訊來源 X_{1b}，但是 B 往往會期盼 A 提供其他的訊息，以便更了解事件。

由於 A 所提供的有限訊息不足以滿足 B 的需求，因此 B 會期盼從別的通道得到更多訊息。

魏斯里與麥克林模式（二）

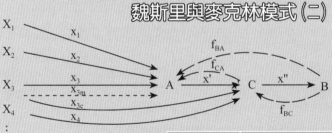

X_1 到 X_∞	多元資訊
A	傳播者
X'	A 選擇並詮釋後的訊息
C	傳播媒體
X"	C 選擇並詮釋後的訊息
B	傳播對象
X_{3c}	B 也有可能直接接收和選擇資訊來源
f_{BA}	B 都會有意識或無意識地對 A 回饋
f_{CA}	C 都會有意識或無意識地對 A 回饋
f_{BC}	B 都會有意識或無意識地對 C 回饋

UNIT 2-8
螺旋模式（Helical model of Communication）

提出人：丹斯（Frank E. X. Dance, 1929- ），美國傳播學者，曾任丹佛大學人類傳播教授、全國傳播學會協會主席。

背　景：丹斯是在 1967 年出版的《人類傳播理論》（*Human Communication Theory: Original Essays*）一書中提出「螺旋模式」的概念來解釋傳播過程的動態性質。

意　義：丹斯認為，傳播過程會因為時間與環境的不同而擴大傳播內容，傳播過程參與者會因為訊息的交流而對事件的認知有所增加，不斷地參與討論則會因為新的資訊來源及參考其他人的觀點而不斷地擴展對事件的認知。因此，在下一次的傳播過程當中，傳播參與者會有更多的訊息與其他人分享。

有鑑於此，傳播模式不可能是一個循環的封固模式，而是宛如螺旋的動態模式。螺旋模式的傳播過程，就如一般的社會過程一樣，會隨著時間與環境的變遷而擴展。

螺旋模式強調傳播過程是動態而不是封固的循環模式，主要是因為傳播過程中的參與者會不斷主動蒐集更多相關的資訊，以不斷地豐富他們的傳播內容。另外，傳播參與者也會利用在傳播過程當中所得到的知識來創造更多的資訊，以及傳播參與者也會儲備資訊。

螺旋模式為知溝理論提供了一個研究背景，指出有不同經驗的閱聽人會有不同的訊息接收能力，比如，精英階級接收訊息的能力往往比一般大眾更強，這現象讓不同階級之間的知識鴻溝越來越大。另外，模式中的螺旋線擴展幅度會因為傳播參與者對事件的認知程度不同而有不同呈現。當傳播過程的參與者對事件有所認識時，螺旋線的擴展的幅度會比較大；反之傳播參與者對事件陌生時，螺旋線的幅度就只會擴張一些。

丹斯認為傳播是一項連續、持續發展、不重複的經驗累積過程。同時，傳播過程中的傳播參與者也扮演著理性與主動搜尋、儲存、創造資訊的積極角色。所以，人類的傳播是一項積極的發展過程，其中充滿了持續學習、成長及新發現。

螺旋模式雖然豐富了傳播學對傳播模式概念的認識，但是，由於螺旋模式的描述過於抽象及簡單，如果根據嚴格的科學標準來衡量，不可能被列為模式的格局，因此並不適於對傳播過程作精密的分析，只可以作為傳播過程簡單概念的認識。

另外，螺旋模式備受批評的一點是該模式把傳播過程描述得太理想及完整，因為傳播參與者對事件的認知不一定像螺旋模式所描述的一樣積極，不是所有的傳播參與者都是理性的，也未必會主動搜尋、儲存、創造資訊；再說，傳播過程不一定都是完整的，也未必是從不間斷的持續發展或不曾重複。

螺旋模式

模式中的螺旋線擴展幅度會因為傳播參與者對事件的認知程度不同而有不同呈現。當傳播過程的參與者對事件有所認識時，螺旋線擴展的幅度會比較大；反之，傳播參與者對事件陌生時，螺旋線的幅度就只會擴張一些。

01000010010010000000000010
01000010010010000000000010

傳播過程中的參與者會不斷主動蒐集更多相關的資訊，以不斷地豐富他們的傳播內容。

在下一次的傳播過程當中，傳播參與者會有更多的訊息與其他人分享。

UNIT 2-9
交互模式（Transactional Model）

提出人：巴龍得（Dean C. Barnlund），美國三藩市州立大學人文學院教授。他在 J. Akin、A. Goldberg、G. Myers 與 J. Stewart 於 1970 年合編的《語言行為：傳播讀本》一書中寫了一篇文章〈傳播的交互模式〉（A Transactional Model of Communication），提出此概念，後經其他學者加以補強改進。

背景：交互模式是宣偉伯（Wilbur Schramm）所提出的互動模式（inter-actional model）被批評把發訊與收訊視為兩個分開的事件，忽略了訊息傳送過程中的非言語傳播的效果之後，傳播學者提出的第三種傳播模式，因而它曾被譽為當代人際傳播模式中最具革命性之沿革。

意義：交互模式背離亞里斯多德時期之前即有的線性觀點，認為人際傳播是一個動態的、過程取向的活動，而且在這個過程中兩個參與者是在同時發送和接收訊息。巴龍得提出關於交互模式的六個假設，認為傳播是：

1. 描繪了訊息之演變。
2. 連續性的（並非停滯的）。
3. 動態的（不斷變化）。
4. 循環的（編碼者到解碼者到編碼者再到解碼者）。
5. 不可重複的（每一次的傳播都是獨一無二）。
6. 不可撤銷的（訊息一經收訊人接收，就無法刪除）。

換言之，編碼和解碼並非傳播過程中兩個相互替代的次過程，而是彼此相互依賴，促成傳訊者與收訊者共同建構意義。

巴龍得如此解釋交互模式：甲先生（P_1）獨自坐在一家診所的接待室候診，當他打量著接待室時，他就為在他的知覺場內出現的各種線索進行解碼（D）或賦予它們意義。然後，他將這些線索轉換（編碼，E），以便它們以言語和非言語線索的形式向他人表明其意。連接的編碼和解碼過程的螺旋線則是為「連續的、不可重複的和不可撤銷」之傳播特性做了圖解。

巴龍得區分出三種不同類型的線索：公共的、私人的和行為式。公共線索又細分為二：自然的與人為的；自然線索來自天然環境，無需人工干預，而人為線索則來自於人類對外部世界的涉入、影響、修正和操縱。公共線索是潛在傳訊者的知覺場之一部分，並且在人們加以分析之前就已經存在，不受其人之控制。

私人線索則以自省（intrapersonal）的方式在我們的腦子裡發揮作用，它是記憶和經驗詞彙的一部分，是指謂屬於私人性質的事件，而並非進入這個傳播場域的其他人都能掌握這些事件之起源。行為式線索則是指謂言語和非言語活動，當私人線索轉化為行為式線索時，假設訊息的解碼器者（例如 P_2）未能有效地解讀這些線索，由此產生的交換有可能會導致誤解、混淆，以致造成以防禦性傳播結束。

交互模式

傳播的六個假設	1. 描繪了訊息之演變。
	2. 連續性的（並非停滯的）。
	3. 動態的（不斷變化）。
	4. 循環的（編碼者到解碼者到編碼者再到解碼者）。
	5. 不可重複的（每一次的傳播都是獨一無二）。
	6. 不可撤銷的（訊息一經收訊人接收，就無法刪除）。

交互模式的編碼（E）和解碼（D）並非傳播過程中兩個相互替代的次過程，而是彼此相互依賴，促成傳訊者與收訊者共同建構意義。

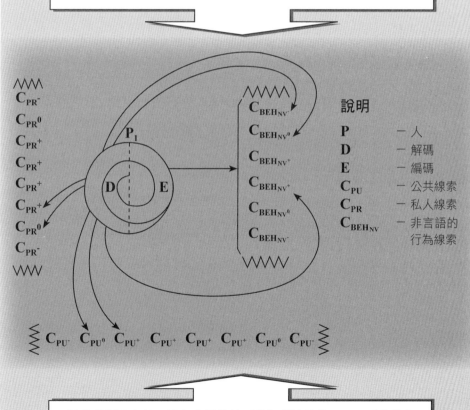

說明

P ── 人
D ── 解碼
E ── 編碼
C_{PU} ── 公共線索
C_{PR} ── 私人線索
$C_{BEH_{NV}}$ ── 非言語的行為線索

連接的編碼和解碼過程之螺旋線則是為「連續的、不可重複的和不可撤銷」之傳播特性做了圖解。

第 3 章
傳播者

••••••••••••••••••••••• 章節體系架構 ▼

UNIT 3-1
新聞守門人（Gatekeeper）

032

提出人：懷特（David Manning White, 1917-1993），美國傳播及新聞學學者，二戰時曾在美國戰爭情報局從事宣傳研究，後來任教於波斯頓大學及維吉尼亞聯邦大學。

背　景：懷特是在 1950 年發表的期刊論文〈守門人：新聞選擇的個案研究〉（The 'Gatekeeper': A Case Study in the Selection of News）裡，引用心理學家魯溫（Kurt Lewin）在 1947 年提出的守門人概念來研究新聞組織，以檢視新聞訊息的流通現象。

意　義：「守門人」概念原本是魯溫在一個關於決策角色的研究中使用的詞彙，用來描述妻子或母親扮演著決定把什麼食材從市場帶回家裡給家人享用的把關角色；懷特巧妙地借用此概念，把家用食品的決策角色換成新聞訊息流通的決策角色的研究。懷特是首位運用守門人概念描述大眾媒體的新聞訊息流通過程的傳播學者，其創意激發了後進對傳播者的研究。

懷特認為，大眾媒體不可能將新聞事件完完整整、一字不漏地直接傳送給閱聽人，新聞訊息的傳播過程必然經過層層關卡的處理，始能呈現於閱聽人面前。有權決定哪些新聞應該發布的決策者，就是守門人。大眾媒體的新聞訊息流通過程中，有不少的關卡，新聞的呈現也就經過多位守門人的過濾或篩選而成。

懷特以美國一家報社電訊編輯的「守門」過程作為研究對象，發現經過編輯對電訊稿取捨後，只有 10% 會刊登，而獲刊登的電訊稿內容沒有依據新聞的種類平均分配，其中有高達三分之二是國際新聞、人情趣味新聞及政治新聞。另外，懷特對照每一天接收到的電訊稿與採用稿的比例，發現接收與採用的比例一般都很相近；因此，哪一種新聞分類接收得比較多，被刊登的機率也比較高。

懷特也查證了編輯只刊登 10% 的電訊稿的原因，發現被摒棄的 90% 電訊稿當中，有 36% 是因為編輯認為不值得刊登，另外 54% 棄稿是因為編輯已選擇採用同一事件的另一則稿件。此研究也揭露了編輯篩選電訊稿的決定相當主觀，一則電訊稿採用與否，往往憑編輯本身的直覺決定。懷特認為，守門人決定新聞訊息是否可以流通時，往往是根據個人心理上認為的價值作為篩選電訊稿的判準。

不過，何許（P. M. Hirsch）不贊同懷特的觀點，認為編輯在篩選稿件時沒有太大的決策權，因為在龐大而複雜的新聞組織裡，新聞從業員的守門過程往往受到組織的規範約束和影響。由於新聞組織的權力大於新聞從業員的個人權力，篩選新聞稿的判準往往是以組織的價值而不是新聞從業員個人的價值，意即懷特有誇大守門人權限、角色及預存立場之嫌。

守門人（Gatekeeper）

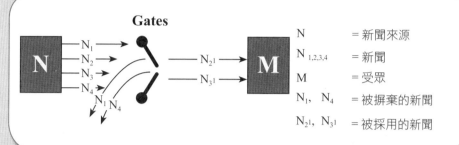

Gates

N　　　　= 新聞來源
$N_{1,2,3,4}$　= 新聞
M　　　　= 受眾
N_1，N_4　= 被摒棄的新聞
$N_2{}^1$，$N_3{}^1$　= 被採用的新聞

懷特認為，大眾媒體不可能將新聞事件完完整整、一字不漏地直接傳送給閱聽人，新聞訊息的傳播過程必然經過層層關卡的處理，始能呈現於閱聽人面前。有權決定哪些新聞應該發布的決策者，就是守門人。

懷特在研究中發現了新聞編輯以主觀的標準去篩選新聞通訊稿件：

- 研究查證了編輯只刊登 10% 電訊稿的原因，發現被摒棄的 90% 電訊稿當中，有 36% 是因為編輯認為不值得刊登，另外 54% 棄稿是因為編輯已選擇採用同一事件的另一則稿件。
- 此研究也揭露了編輯篩選電訊稿的決定相當主觀，一則電訊稿採用與否，往往憑編輯本身的直覺決定。
- 懷特認為，守門人決定新聞訊息是否可以流通時，往往是根據個人心理上認為的價值作為篩選電訊稿的判準。

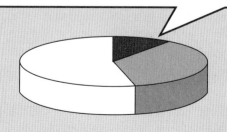

- ■10% 刊登的電訊稿
- ■36% 不值得刊登的電訊稿
- □54% 棄稿是因為編輯已選擇採用同一事件的另一則稿件

UNIT 3-2
新聞室的社會控制（Social Control in the Newsroom）

提出人：布里德（Warren Breed, 1915-1999），美國社會學家。

背　景：布里德是在 1955 年發表的期刊論文〈新聞室的社會控制〉（Social Control in the Newsroom: A Functional Analysis）裡提出此概念，把守門人的研究從守門人個人的層次推展至守門人與新聞組織互動的層次。

意　義：布里德曾任記者，非常清楚新聞從業員與新聞組織的互動關係。「新聞室的社會控制」概念，主要探討新聞室政策如何發揮作用，以及新聞從業員如何應對新聞室政策。新聞室政策是指媒體對新聞事件的取向或立場等，新聞從業員通常會以選擇、省略或突顯的方式呈現有利於媒體立場的新聞報導。

布里德在美國一家報社作訪問調查後發現，新聞媒體的職場新鮮人被「社會化」的過程相當機巧，一般上並無要求他們附和新聞室政策的具體宣導，他們必須靠自己揣摩報社的規範，例如透過同事間的閒聊、觀察報社的特色、了解編輯的審稿取向、注意報社的編採方針及對上司察言觀色等途徑，來探索新聞室政策。

新聞從業員會與新聞室政策一拍即合，主要原因有六個：

1. 新聞媒體的權威與制裁：新聞從業員處理新聞時若無法配合新聞室政策，就會受到報社的內部懲罰，比如減低升職加薪的機會或被調派處理相對不重要的新聞，藉以貶低新聞從業員的工作地位。

2. 盡忠職守：報社新人得到報社錄用後，往往會有知恩圖報的想法；他們對維護報社的立場使命必達，對上司的指示唯命是從，對職場上的老前輩言聽計從。

3. 渴望功成名就：報社新人若想在報社大展宏圖，唯有順服於報社的規範，才有機會扶搖直上、平步青雲。

4. 缺乏衝突的組織效忠：由於報社的政策涉及業務考量及政治利益，所以報業公會一般不會干涉報社的內部政策。

5. 愉悅的工作性質：新聞從業員與上司同肩作戰，比一般員工得到上司更多的尊重。另外，他們可以接觸許多有趣的事物，或享有特權去親身經驗或見證一些重大事件。雖然待遇偏低，他們卻在工作上得到很大的滿足和成就感。

6. 新聞價值的追逐賽：報社上下一心，每天每刻都一心一意地追新聞、搶新聞，他們沒有多餘時間去意識到新聞室政策的問題。

布里德還指出新聞從業員可以避開政策的五種情況：

1. 政策規範不明確時，可以自由發揮。

2. 當上司對某件事沒有看法或不了解時，可運用本身更了解該事件的優勢瞞天過海。

3. 巧妙布局，邀其他報社的同行一同報導有違報社政策的新聞，因為為了不讓其他報社獨家報導，不得不刊登。

4. 獨家報導有無上的新聞價值，可以破例違規。

5. 「明星」記者有比較多的越軌特權。

一般新聞從業員都受制於報社的規範，令閱聽人獲知新聞真相的權益受損；因此，布里德在結論指出，唯有向有權決定報社政策的出版人施壓，方有可能出現「自由而負責的報業」。

新聞室的政策（policy）

- 新聞媒體對事件的立場。
- 社論的觀點。
- 新聞呈現的角度及取向。

報導與新聞媒體的政策相符的事件

- 呈現有利於媒體利益的觀點。
- 放大或特寫有關媒體立場的新聞。

報導與新聞媒體的政策不相符的事件

- 省略不利於媒體利益的觀點。
- 摒棄不符媒體立場的新聞或只選擇刊登同一事件的另一個角度的新聞報導。

媒體新鮮人

- 充滿理想。
- 想為社會的不公發聲。

新聞室的規範往往與新聞從業員個人的理想相違。

新聞從業員想要繼續留在新聞媒體工作，就必須附和新聞室的規範。

布里德在 1958 年發表的文章《大眾傳播與社會文化整合》（*Mass Communication and Socio-cultural Integration*）裡提出媒體可以為了支持社會現狀而摒棄專業的正確報導。這種新聞室的規範有違於新聞從業員的改造社會不公的理想。

媒體維護社會現狀——保護主流社會的利益

為什麼新聞室的政策（policy）會與新聞從業員個人的理想不符？

媒體維護權力中心——平民與精英沒有得到媒體的公平對待

媒體不想要造成衝突——衝突會破壞社會的凝聚力

UNIT 3-3
假事件（Pseudo-Events）

提出人：卜斯丁（Daniel J. Boorstin, 1914-2004），美國歷史學家，曾任教於美國芝加哥大學及英國劍橋大學。

背　景：卜斯丁是在 1961 年出版的《幻象：美國假事件指南》（The Image: A Guide to Pseudo-Events in America）一書中提出「假事件」概念，指出越來越多的新聞事件是經過人為策劃出來，並非自然發生的事件。

意　義：卜斯丁是最早對製造新聞事件提出批判的學者，他認為，美國的媒體為了應付閱聽人對新聞事件的大量需求，漸漸地走向「假事件」的新聞運作。媒體總希望有重大新聞出現以吸引閱聽人，為了不讓閱聽人失望，媒體可以憑空編造生動有趣又富有戲劇性的新聞事件來娛樂閱聽人。公共關係及廣告業也因此應運而生，他們能讓被報導的事件更具有新聞價值，以符合媒體及閱聽人對新聞事件的需求。因此，一場精心策劃公關活動，會比起一件真實發生的新聞事件更能吸引閱聽人的注意力。

「假事件」概念非常重要地提出了當時美國媒體充斥著製造新聞的現象，卜斯丁以飯店要提高聲望為例說明，從前一家飯店若要提高聲望，管理層很可能會提升飯店的服務或設備，比如重金禮聘名廚師或重新粉刷建築物等；但是，如今一家飯店要提高聲望，公關顧問會建議舉辦一場週年慶祝活動，邀請許多名人、高官顯要、工商翹楚出席，讓大肆鋪張的週年慶祝活動成為媒體報導的焦點。

卜斯丁指出，自由放任的新聞環境往往提供媒體、政客、利益團體和商家多一些自由的傳播空間，以方便發布一些為了打造本身形象的訊息，而這些訊息被製造成具有吸引力的新聞焦點。最後經由媒體的報導，新聞事件可以達到宣傳的目的。

「假事件」具有四大特徵：

1. 它並非突發事件，而是經過預先的人為策劃，刻意製造出來的新聞事件。
2. 預先的布署，整裝待發。新聞事件發生的目的，往往是為了爭取媒體的立即報導。事件的新聞價值非常高，具有適合媒體報導的特徵。
3. 事件與真實現況之間的關係含糊不清。在模稜兩可的新聞呈現中，新聞事件可以變得有趣多或更吸引閱聽人。
4. 一般上，事件發生的目的，都是為了讓新聞事件能像預先策劃好的效果一樣地實現。

卜斯丁也指出，「假事件」比真實事件更吸引閱聽人的事實，原因是「假事件」較富有戲劇性，並且一早被預先策劃好以符合媒體報導的形式發生，而且「假事件」可以隨時重複出現，增強效果等。另外，「假事件」也會繁衍，導致社會越來越多「假事件」出現。

101 煙火秀

- 公關顧問建議舉辦的一場跨年慶祝活動。
- 邀請許多名人、高官顯要出席。
- 邀請演藝明星演出。
- 讓大肆鋪張的跨年慶祝活動成為媒體報導的焦點。

置入性行銷

- 商家為了增加銷售業績，因此透過傳播媒體來宣傳。
- 商品不以廣告的形式出現，反而出現在新聞報導中。
- 閱聽人認為新聞的公信力可以信賴，因此會比較相信新聞報導的內容，多過於廣告的內容。
- 媒體向商家收費後，並巧妙地將商品呈現於新聞當中。
- 公關顧問也會預先策劃新聞價值高的新聞事件，以符合媒體及閱聽人對新聞事件的需求。

業配新聞

- 媒體的新聞部與業務部互相配合的新聞報導。
- 編輯策劃的專題及記者採訪的內容都是為了配合業務部的運作，並不是發自於記者或編輯對新聞價值的需求。

037

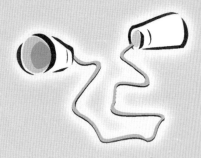

UNIT **3-4**
新聞專業意理（Professional Ideology）

提出人：科恩（Bernard C. Cohen, 1926-），美國政治學教授。

背　景：科恩在 1963 年出版了研究各國駐守華盛頓採訪外交事務的記者與美國外交政策的關係之著作《報紙與外交政策》（*The Press and Foreign Policy*），書裡提出他觀察到兩種相互衝擊的新聞專業意理，即「中立守門人」及「參與鼓吹者」。

意　義：新聞專業意理基本上是記者經過長期的工作經驗累積而成的價值觀，一般上記者都會以本身的價值觀處理新聞，他們非常注重本身的專業要求，工作上希望有較多的自主權而不受新聞組織的控制。科恩以駐守在美國華盛頓的各國外交記者為研究對象時，發現這些記者對於本身的職責有不同看法，當中存有兩種專業意理：第一種是「中立守門人」（neutral gatekeeper），第二種則是「參與鼓吹者」（participant advocate）。

科恩的研究發現，有兩種不同類型的記者，他們對「客觀」的看法有不同。

(一)「中立守門人」

此類型記者強調專業的新聞報導就是要「客觀」呈現事件，他們要求自己據實報導，不容許有任何意見參雜其中。他們在新聞報導中常常保持中立，認為民主社會需要自由開放的資訊，唯有充分地提供不同觀點及立場的報導，閱聽人就能有足夠的智慧判斷資訊的真偽。

(二)「參與鼓吹者」

此類型記者認為「客觀」報導是遙不可及的事情，而且往往一方面被高官顯要利用為維護既得利益的工具，另一方面則成為財團富豪利用為賺取更多財富的工具。他們認為記者也是公民，有義務負起社會責任，積極參與政治建設，為一般公眾解釋或批判各種資訊，以及資訊背後的隱議程。他們認為，記者有責任為弱勢團體發聲，為了公眾利益，不惜以身試法挑戰權威霸權機密，揭露真相。他們的專業意理對於揭密的消息來源會極度保密。

「中立守門人」意理一直是自由民主社會的主流，他們的職責是兼容並蓄各種立場，尋求平衡與公平的結果。但是，當某些霸權受到威脅時，「中立守門人」意理就得接受考驗。在 1960 年代，美國社會掀起反越戰熱潮、民權運動，都引起了對「中立守門人」的質疑。此時，一直潛在的「參與鼓吹者」才受到重視，他們在社會動盪時，往往不忘為弱勢團體爭取權益。

雖然「中立守門人」與「參與鼓吹者」這兩種新聞專業意理對新聞專業職責的要求很不同，但是它們都是反對極權，支持自由民主。

新聞專業意理

中立守門人
(neutral gatekeeper)

- 新聞從業員，無論是記者或編輯都必須提供充分和全面的訊息。
- 閱聽人有理智的判斷各種訊息。
- 新聞從業員必須客觀及價值中立（ value free ）的反映事實，不得在訊息的呈現中表露自己的意見及立場。

參與鼓吹者
(participant advocate)

- 新聞從業員為了公眾利益有必要負起社會責任，為社會揭露訊息背後的隱議程。
- 閱聽人未必有足夠的條件去消化各種訊息。
- 新聞從業員有義務為社會不公發聲，為社會大眾解釋訊息，探討訊息的真相，不惜扒糞報導。

價值中立
(value free)

意義

- 客觀，中立不帶偏差的態度。
- 訊息必須是實事求是，不帶個人觀點。

批評

- 訊息的呈現如選擇報導的內容、角度，組織報導的重點及標題的大小等都很難與價值判斷分離，因此絕對的客觀是不存在的。

扒糞報導
(muckraking)

意義

- 以深入調查證實本身對社會隱議程的判斷，揭露社會黑幕的新聞報導。
- 新聞從業員有職責改造社會，與社會的腐敗抗爭。

批評

- 羅斯福總統批評揭露社會黑幕的行為，比喻成扒糞，比作記者只愛醜聞、煽情的訊息。
- 但是這項批評卻得到社會的肯定，因為社會大眾認同新聞從業員有價值判斷的深入調查報導。

UNIT 3-5
選擇性守門模式（Model of Selective Gatekeeping）

提出人：嘉爾頓（Johan Galtung, 1930-），挪威社會學家。盧吉（Mari H. Ruge, 1934-），挪威政治科學家。

背景：嘉爾頓和盧吉是在 1965 年發表的期刊論文〈外國新聞的結構：四家挪威報紙對剛果、古巴與塞浦路斯危機之呈現〉（The Structure of Foreign News: The Presentation of the Congo, Cuba and Cyprus Crises in Four Norwegian Newspapers）裡提出此模式，以詳細探討影響新聞從業員篩選新聞的要素。

意義：「選擇性守門」模式結合了新聞價值的要素與守門人研究，探討新聞事件被挑選的評斷標準，以及能夠有機會通過守門人連串關卡的可能因素。嘉爾頓與盧吉認為，新聞事件的篩選過程是相當系統化地依據專業的新聞價值來評斷，其中影響新聞從業員篩選新聞的要素有八個：

1. 時間跨度（time span）：倘若事發時間正符合有關媒體處理新聞的時間程序，該新聞被選用的可能性就更大。
2. 強度（intensity）或緊要價值（threshold value）：倘若事件非常重大或很顯著，都能吸引更多注意。
3. 明晰度（clarity）或不含糊（lack of ambiguity）：事件越明確，不會模棱兩可，越適合被報導。
4. 文化接近性或相關性（culture proximity or relevance）：事件越是接近閱聽人的文化背景或興趣，就越可

能被刊登。

5. 一致性（consonance）：倘若事件符合先入為主的觀念，或與預期的想法一致，更可能被新聞從業員選用。
6. 突發性（unexpectedness）：事件越難以預料，或越不平常，就越吸引人。
7. 連續性（continuity）：有新聞價值的事件與相關的報導，都會被持續關注。
8. 組合性（composition）：新聞被選用也有可能是為了配合媒體內容的均衡結構，或是用來對照其他事件。

另外，閱聽人及守門人的社會文化價值也會影響篩選新聞的要素。

新聞的篩選除了需要具備上述要素，還需依據三個基本前提：

1. 附加性前提（additivity）：事件包含越多的新聞價值要素，越有可能成為新聞。
2. 補償性前提（complementarity）：倘若新聞事件不符合某些新聞要素，可以因為其他要素比較強而得到補償。
3. 排除性前提（exclusion）：倘若事件的各個新聞要素都偏低，就可能被排除在新聞報導之外。

選擇性守門模式強調心理層面，往往忽略了政治與經濟的影響。他們提出所謂北歐文化的影響也造就了較傾向於精英人士和負面新聞的新聞價值。不過，嘉爾頓與盧吉對新聞價值的敘述，是傳播研究里中最具影響力和最詳盡的。

新聞從業員
篩選新聞的原因

- 傳播媒體的有限空間及時間不可能將無限的訊息一一選用。
- 新聞從業員需要專業的價值判斷來取捨新聞稿件。
- 有取必有捨，出現新聞偏差（bias）問題。

- 傳播媒體對新聞有要求，只選用被認為有新聞價值的稿件。
- 然而新聞價值的依據卻產生「框架」（framed）的問題。

041

新聞偏差（bias）

媒體在選擇新聞時往往受到市場力量、政治及經濟財團的壓力而產生對新聞內容的選擇有所偏見。

「框架」（framed）

框架可以幫助新聞從業員判斷新聞的標準。新聞從業員往往無意識地將新聞稿件根據框架來分類。通過新聞框架選擇出來的新聞訊息是媒體想要建構出來的社會現實。

第 **4** 章
傳播內容

● 章節體系架構 ▼

UNIT 4-1
傳播多樣性（Diversity）

提出人：諸家。

背　景：多樣性乃十分廣泛的語詞，是「意見市場」概念的基本構成要素之一，甚至成為民主國家評估大眾媒體系統最基礎的原則，也是傳播政策制定的目標之一。

意　義：按照「意見市場」意涵之假設，多樣性原則可延伸出多樣性的三大要素：

（一）來源多樣性（source diversity）

來源多樣性的重要性，在於「意見市場」的基本假設認定在能考慮到所有「多樣與對立的資訊來源」的情況下，人們始能做最佳決策。來源多樣性之概念又包含三種不同的次元素，即：（1）媒體播送管道（media outlets）所有權的多樣性，即傳送節目的廣電機構之數目多寡；（2）內容／節目所有權的多樣性，即是否有多個不同的製作人；（3）在個別媒體管道內工作人力的多樣性，即媒體工作人力有無反映種族、性別等人口比例。

（二）內容多樣性（content diversity）

內容多樣性可分三個次元素：（1）形態－節目類型的多樣性，即廣電節目形態、有線電視頻道形態及個別電視節目的各種項目；例如，觀眾在一小時的黃金時段內可以選擇多少種不同類型電視節目的範圍；（2）人口統計學的多樣性，即少數族群及其他人口統計學的團體在廣電節目裡出現的比例，是否合理

反映該社會真實；（3）意見多樣性，即媒體內呈現觀點的多樣性，以及社會、政治和文化觀點的多樣性。

（三）暴露多樣性（exposure diversity）

暴露多樣性所指，非「發送」內容的多樣性，而是「接收」內容的多樣性，即閱聽眾實際選擇的收視內容，這與實際發送的內容是完全不同的一回事。暴露多樣性的研究常會問到的問題包括：閱聽眾暴露於多少不同的媒體來源、閱聽眾是否讓自己暴露於不同的社會與政治觀念、他們是否接觸不同類型與形式的節目，以及哪些因素影響閱聽眾之多樣性暴露的行為程度等。暴露多樣性可以垂直多樣和水平多樣加以評估，前者是指個別閱聽眾消費內容的多樣行為；後者則是在所有可獲得的內容選項之間，閱聽眾的分布情況。

前述三個多樣性要素，普遍是被假設具有因果關係，即增加來源多樣性有助於增加內容多樣性，而增加內容多樣性則可增加閱聽眾的暴露多樣性。雖然這種假設確實可能存在，但是實際的因果關係並不僅是如此。例如，倘若某種節目類型很叫座，收視率很高，可能造成多家電視臺競相播映同一類型節目，如此一來，內容多樣性並沒有因為電視臺數目多而增加；同理，某個節目類型的收視率超高時，說明觀眾競相收看同一類型節目，而冷落其他類型節目，故而暴露多樣性未必如預期。

意見自由市場

- 相對於傳統的威權主義報業，一個廣大及言論較自由的輿論市場。
- 過去威權主義報業只維護政府、權威或精英的意見立場，造成一般的民眾沒有享有平等的傳播權利。
- 後來隨著社會的進步，威權主義被淘汰，自由主義抬頭，傳播生態才逐漸多樣化。
- 傳播媒體會在自由競爭的生態下，提供閱聽人更多樣的訊息選擇。
- 為了讓人人都有表達意見的機會，傳播必須多樣性，那樣人民就可以有更多的管道及不同的平臺交換意見。
- 傳播多樣性也能提供更多的訊息給閱聽人，以作為意見的參考，閱聽人就可以從多樣的意見中分辨真偽，因為真理有自我矯正的機能。

麥奎爾（D. McQuail）在 2003 年出版的《大眾傳播理論》裡提出傳播多樣性對公眾的好處如下：

傳播多樣性對公眾的好處

- 提供傳播近用權與社會的人士團體，讓不同的，有別於主流的聲音可以公平地流通，並改造社會。
- 多樣的訊息得以供參考，並監督過於濫用的言論自由。
- 讓弱勢團體有平等的機會在社會中生存。
- 提供不同的、多樣的意見流通，促進社會成員對彼此的瞭解，以減少社會的衝突。
- 可以豐富社會文化。

UNIT 4-2
符號學分析（Semiotics/Semiology）

046

提出人：皮爾斯（Charles S. Peirce, 1839-1914），美國語意哲學家；索緒爾（Ferdinand de Saussure, 1857-1913），瑞士語言學家；羅蘭・巴特（Roland Barthes, 1915-1980），法國文學批評家、符號學家。

背　景：符號學關注的是任何能代表其他東西的事物，其目標即是要詮釋符號，反省和批判日常生活各層面中的「意義」，解構迷思或意識形態的框架，以追求解放。

意　義：皮爾斯強調，「符號」可以在個人心中創造一個對等的符號概念，或是一個更進一步的符號。對人們而言，它是一種「解釋義」（interpretant），代表著某種能力，但是符號的「解釋義」因人而異，因為符號的意義不是由符號決定，而是經由接收者的理解所產生，並非一成不變，永遠固定於某個意義層面。

　　至於符號的意義如何產生，索緒爾提出了一個廣為人知的程式，將符號（sign）拆解為「能指」（signifier）和「所指」（signified）兩部分，「能指」是指語言的聲音形象，「所指」是指語言所反映的事物的概念。他進而指出：符號＝能指＋所指，而能指與所指的連接是人為的、武斷的，這呼應了皮爾斯關於符號的意義並非一成不變之觀點。

　　羅蘭・巴特關於能指和所指的區分可見於他的一段描述一名典型令人反感的粗漢代表──摔角手──的散文：「一旦對手進入摔角場，觀眾就立即明白他角色的意義。就像在劇場，每種體型都盡情表達指派給參賽者的角色。索文是個肥胖、鬆垮的 50 歲男人……肉體上顯現卑劣的特質……我從一開始就知道索文所有的行動、他的背叛、殘暴和懦弱的行徑都會符合他給我的第一個卑鄙形象……摔角手的身體因而構成一個基本的符號，就像是種子選手包含整個打鬥一樣。」摔角手的身體意象是能指，下流則是所指，而惡漢的身體則是兩者的結合，即符號。

　　羅蘭・巴特關於符號是能指與所指的結合之闡述，雖然是源自索緒爾的論述，但是他並不堅持能指與所指的關係是任意的，他把所指再區分為兩個層次，一是「明示義」（denotation），即符號的一般明顯意涵，例如玫瑰花指我們所熟知的花種；二是「隱含義」（connotation），玫瑰花所象徵的愛意，就是玫瑰花的隱含義。明示義通常不受個別主體或社會文化意涵的影響，但是隱含義的意涵卻有兩種主要來源：一是主觀的、個人的觀點，例如拍攝街景的角度、光線，是攝影者對街道的感情或觀點的表現。二是迷思（myth），廣義來看是一種言語的方式或訊息傳達的方式，而這種方式是「歷史選擇」的結果，使得某些具有特殊歷史涵義的符號看似「自然合理」，也使得偶然的所指的構連固定為普遍接受的「事實」。

　　羅蘭・巴特認為，一個文化的符號學系統在於維持現狀，即一個社會關鍵符號的迷思呈現此世界就像是現在這個樣子，不論它有多混亂及不公不義，都是自然的、無可避免且永恆的。

能指（signifier）
語言的聲音形象

所指（signified）
語言所反映的事物
的概念

符號
（sign）

樹
（tree）

羅蘭巴特曾經以《法國競賽》(*Paris-Match*) 這本雜誌
封面來説明符號的運作，從封面的圖像如何反映出圖
像所要表達的概念：

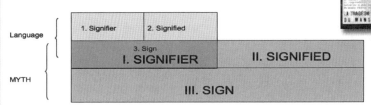

Roland Barthes, *Myhologies* (1957, trans. Annette Lavers, Vintage: London, 1993), 115.

能指（signifier） • 封面上的印刷	所指（signified） • 印刷出來的墨印 有人的形象，膚 色黝黑，他正在 敬禮等。	
符號（sign） 一位年輕的法國黑人士兵在敬禮 **能指（signifier）** 一位年輕的黑人穿著法國的軍服在敬禮		**所指（signified）** 法國沒有膚色歧視，所以子民都為這個 偉大的國家效忠。
對於那些質疑法國殖民主義的人，這張照片説明了黑人對於所謂的壓迫者——法國的態度。——這就是神話		

UNIT **4-3**
製碼／解碼（Encoding/Decoding）

提出人：霍爾（Stuart Hall, 1932-2014），曾任英國伯明翰大學當代文化研究中心主任長達 12 年之久，是「伯明翰學派」（Birmingham School）的代表性人物之一。霍爾不但是文化研究的大師，也是英國新左派運動的創始人之一。

背　景：媒體文化的意識形態研究是批判文化理論的核心旨趣之一，雖然其中最常見的論述指稱意識形態是占統治地位的政治力量維持的一套騙人的思想，是一種「虛假意識」（false consciousness），但霍爾就認為，由於各種不同的意識形態都不斷地在陣地中展開競爭，所以「文化共識」並非一個絕對穩定的狀態，群眾未必會信服所謂的主流意識形態。他在 1980 年發表〈製碼／解碼〉（Encoding/Decoding）一文申論此命題。

意　義：伯明翰學派的研究途徑揭櫫了一項重要的轉變，即從媒體文本承載著的意識形態問題，轉變成閱聽人可能如何「解讀」意識形態的問題。霍爾提出的「製碼－解碼媒體言說」模式，就是將文本置於生產者（以特定的方式架構意義）和閱聽人（根據不同的社會情勢和詮釋架構為意義解碼）之間的位置。

由於意義的獲取牽涉到文本的「解讀」，所以意識形態並不僅是指意義的構連，而是指以一種特定的方式，使符號建構的意義看似理所當然，因而使片面的選擇及連結被「解讀」成全部的「事實」，造成意義封閉或認識封閉的效果。要怎麼做呢？霍爾的「製碼」（encoding）指出，傳播工作者必經「製碼」過程——選擇言辭、詮釋事件，將事件放入某一特定的架構中，以彰顯其立場和意義；例如：把勞資爭議表意成是對國家經濟生命的威脅、違背「國家利益」。

如此一來，媒體不再是反映支持某種共識的機構，而是幫著生產這種共識和製造同意的機構，這使得媒體處於在國家中代表宰制性社會利益。但是，霍爾認為，占統治地位者經由媒體所傳送的意識形態，並不等於接收的意識形態，因為雖然存在著所謂由上頭所提供的優勢解讀，但閱聽人仍可能有本身不同的「解碼」（decoding）。

霍爾汲取派金（Frank Parkin）的政治社會學概念，依據閱聽人解讀符合程度的差異發展出三種「解碼」：

1. 優勢式解碼（dominant-hegemonic decoding）：閱聽人依照傳播者期望的方式理解，符合傳播者霸權主控的利益。

2. 協商式解碼（negotiated decoding）：閱聽人的理解含有部分符合傳播者所要的理解，部分反對的成分，但大體上還是傾向符合傳播者的利益。

3. 對立式解碼（oppositional decoding）：徹底解構傳播者偏好的意涵，並以不同的解讀符碼加以解釋。

虛假意識（false consciousness）

- 強勢團體創造出的一種社會共識，讓弱勢團體可以臣服於強勢團體的淫威之下，而不自覺自己被剝削了。

- 被剝削者忘了本身的價值，也不會對社會的不公正及壓迫提出反抗。

- 社會的不公往往被合理化，被剝削者會認同剝削者的強勢行為，因為他們認為剝削者本身有過人的賢能及才幹才有機會占上風，卻不知道被剝削者他們自己從一開始就處於不平等的待遇。

- 被剝削者被虛假意識迷惑，還一直以為弱肉強食的遊戲規則是正常的社會運作，而不知他們可以追求公正平等的機會。

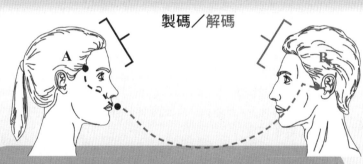

製碼／解碼

製碼（encoding）

- 傳播者要傳遞本身所要表達的訊息，就必須選擇訊息內容的呈現結構、詞彙的運用等，以製作出閱聽人所能瞭解的符碼。
- 不同樣的訊息呈現方式傳達出不同的立場與意義。

解碼（decoding）

- 傳播者要傳遞的訊息並不是完全被閱聽人吸收。
- 因為閱聽人與傳播者有不同的人生歷練，所以他們對訊息的解讀未必是相同的。

UNIT 4-4
新聞散布的 J 曲線（J-Curve of News Diffusion）

050

提出人：格林伯格（Bradley S. Greenberg），美國傳播學者，曾任教於美國密西根大學傳播學院。

背　景：格林伯格是在 1964 年發表於《新聞學季刊》（*Journalism Quarterly*）的一篇論文〈新聞事件散布中的人對人傳播〉（Person-to-Person Communication in the Diffusion of a News Event）裡，提出「J 曲線」的概念。

意　義：「J 曲線」是格林伯格提出，用來解釋訊息散布模式的概念。此模式起源於對新聞事件的知曉來源研究和關於大眾媒體和個人接觸之間的比較研究，它表達的是「得知某事件的人數」和「從人際來源聽聞同一事件的人數」之間的比例。格林伯格研究甘乃迪總統遇刺新聞的散布情況得出的結果是，新聞報導的事件，可根據它們可能得到的個人散布程度分為三大類型。

第一種類型：是指重要性一般的事件，但是對少數人而言卻有重大意義。這類事件將不會得到媒體以顯著版位刊載，但是由於這些事件對某個閱聽人或參照團體是重要的，一些與之相關的少數人仍然會選擇性地注意到這類新聞，並且把它們傳達給其他沒有在新聞第一次公告時看到這些新聞的人。最終，相關團體的所有人或大部分人都可能或多或少得悉這些事件，只是相當高比例的人係經由個人中介才得知。例如：會考成績放榜。

第二種類型：是指公認對一般公眾皆重要的事件，它們得到媒體相當程度的重視，並且引起公眾之中的大多數人所注意。這些資訊不大可能要通過從人傳人的方式傳播（雖然可能有人會討論這些事情），部分原因是它被假定已為人所知，另一部分原因是它們還不至於不尋常到促使人們想自願地向其他人廣傳。例如：銀行劫案。

第三種類型：十萬火急、重要，而且充滿戲劇性的事件，肯定幾乎人人注意到了，而且也引起媒體高度重視和頻密跟進。儘管媒體十分關注，人們可以估計的是，那些最終是先從另一個人那裡得知這些事件的人，實際上會比前一類型事件的人還要多。這類事件的重要性，使得人際傳播和媒體傳播這兩個不同的通道都被用來散布這些事件了。例如：1997 年英國戴安娜王妃香消玉殞。

簡言之，「J 曲線」的發現是：當每個人幾乎得知某特定事件時（例如戴安娜車禍死亡），有相當高比例的人（超過半數）是經由親身接觸的通道得知該事件，條件是該事件十分顯著且立即散布。當不斷得知事件的人口比例逐漸下降時，透過親身接觸得知的人的比例也會開始下降，而透過媒體得知者的比例則提高。當中，有一種類型的事件，最終還是只有一小部分人口能夠得知，對這些少數人而言，該事件有高度顯著性，而從親身接觸管道得知的比例也和從媒體得知的比例相關，因為在這些情境中，人際接觸的網絡很活躍。

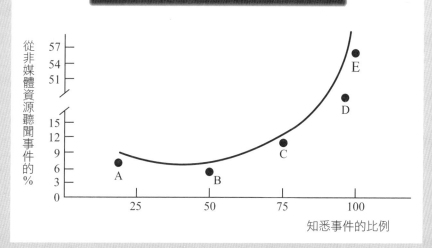

新聞散布的 J 曲線

從非媒體資源聽聞事件的 %

知悉事件的比例

（圖中資料點 A、B、C、D、E，縱軸刻度 0, 3, 6, 9, 12, 15, 51, 54, 57；橫軸刻度 25, 50, 75, 100）

J 曲線的發現

- 格林伯格將從人際傳播得知訊息的人數比例分成 5 個部分，而這 5 個部分正好畫出一個「J 曲線」。
- 以格林伯格的研究看來，得知事件的人及從人際傳播得知的人數比例是開始時緩緩上升，然後加速，到最後再回到緩慢增加的狀態。

新聞散布的 J 曲線

- 事件的新聞價值與閱聽人的涉入程度是沒有直接關係的。

- 所謂有新聞價值的大新聞一般都由媒體所傳播，一般不大可能只透過人際傳播來得到重大新聞的訊息。

- 如果是緊急重大的新聞訊息就會涉及媒體傳播及人際傳播一起散布。

- 如果媒體產生非確定的報導，閱聽人就會更積極地向非媒體資源去尋求更多的訊息，以作為參考。

- 格林伯格的研究也讓我們認知了媒體內容的多樣性及閱聽人的不同特質。

UNIT 4-5
真實的圖像（Picture of Reality）

提出人：李普曼（Walter Lippmann, 1889-1974），被譽為新聞傳播史上重要的新聞記者、學者，曾兩次榮獲普利茲獎，著有《民意》、《幻影公眾》等代表作。

背　景：李普曼是在 1922 年出版的經典著作《民意》（*Public Opinion*）一書裡，提到「真實的圖像」此一概念，以討論真實世界和人們所認知的「真實」（reality）之間存有落差的情況。

意　義：李普曼指出，人們對外在世界的理解，大部分並非來自個人直接的經驗，而是根據自己腦中的圖像為準，而且不管我們是否相信腦中的圖像就是真實的圖像，我們都已經習慣於把這些圖像當成就是真實本身了。

在此過程中，虛構與符號對人類的傳播就顯得十分重要了，畢竟我們的活動範圍、時間和注意力有限，不可能親身經驗所有事物，總是會面對一些超出視野的事物，而對於這些都無法直接經驗到的事，我們的唯一感覺只是對該事件的「心像」（mental image）。而且，我們不只是憑藉這些「虛構」的真實來理解外在世界，甚至經常也參與創造這些虛構的真實。

李普曼提出了下列兩個重要概念：

(一) 假環境（pseudo-environment）

由於不可能親身經歷外在環境的所有事物，我們只得借助各類新聞供給機構去認知世界。如此一來，人們的行為不再是對客觀環境的反應，而是對新聞機構提示的某種「假環境」的反應。值得注意的是，「假態環境」雖然是傳播媒體通過對象徵性事物做選擇和加工之後向公眾提示的環境，但是由於一般人不熟悉媒體內部的這些作業，因而往往把「假環境」看成是客觀環境本身。

換言之，「假環境」把人們與真實隔開，導致人們對其身處的環境的適應，必須透過「虛構」的媒體方得以產生。然而，「虛構」的真實並非謊言，而是因為人們為了認識環境，以及對環境做出反應，不得不用比較簡單的方式重新拼裝環境，以便「認識」和「處理」環境。

(二) 刻板印象（stereotype）

意指人們對特定事物所持的固定化、簡單化的觀念和印象，它雖然通常伴隨著對事物的好惡感情，但業已成為人們認識事物的簡便參考標準，並且阻礙對新事物的接受。大眾傳播對於形成、維護和改變社會的刻板印象，有強大影響力。

因此，李普曼將民意（public opinion）視為人們腦中的圖像，意即固定成見或刻板印象對於民意的形成起著決定性作用。李普曼提出的「真實的圖像」觀點，成為後來科恩（Bernard C. Cohen）、麥康斯（Maxwell E. McCombs）及肖（Donald L. Shaw）提出的議程設置理論的前期理論。

真實的世界太複雜，人們很難用三言兩語去描述，更不可能真正了解這個世界。

媒體負責建構事件的真實
- 事件的訊息經由媒體的認知篩選，然後再現。
- 事件的真實已變成媒體的真實。

一般的人不可能有機會親身經歷世界上所有發生的事
- 他們會借助媒體的訊息來認知世界。

假環境（pseudo-environment）
- 一般人沒察覺到媒體所傳播的訊息有別於真實的訊息。
- 對媒體所傳播的訊息反應，也就是假環境反應。

刻板印象（stereotype）
- 人們經過媒體的渲染之下，用簡單化及固定的看法來解讀他們身邊事物。
- 媒體的訊息往往是參考標準，人們很難接受新的看法。

刻板印象
（stereotype）

- 早期是指印刷鉛版。
- 對特定事件的固定看法。
- 長期、重複的接受同一個角度的訊息，會使同一個角度的看法加深。

年齡 ——
例如老人愛喋喋不休

職業 ——
例如廚師一般是胖子

種族 ——
例如印地安人頭戴羽毛

性別
例如女生愛購物

UNIT 4-6
敘事分析（Narrative Analysis）

提出人：托多羅夫（Tzvetan Todorov, 1939-），法國保加利亞裔文藝理論家、符號學家。

背　景：托多羅夫在 1969 年出版的《十日譚的文法》（*Grammaire du Décaméron*）一書中，以拉丁文詞根 narrato（敘事）加上希臘文詞尾 logie（科學），創造了「敘事學」（Narratologie，英文 Narratology）這個詞彙。

意　義：托多羅夫將敘事分解為三個組件：（一）命題（proposition），它是敘事的最基本命題，而命題通常是由行動者和謂詞兩者組成。（二）序列（sequence），即由一連串命題所組成，意味著某種程度的故事；不過，故事雖然是由序列組成，但是一則故事通常未必僅是一個序列而已，而是包含好多個序列，主要可以分為三種方式：(1) 連接式：幾個序列依先後順序出場；(2) 嵌入式：把某個序列當作命題，整個潛入在其他序列中；(3) 交替式：兩個序列的命題交替出現。（三）文本（text），即故事的組成形式。

美國敘事學家普林斯（Gerald Prince）將敘事學分為三種類型：第一類型著重於敘事結構的研究，針對文學作品，致力於探究故事事件的功能、敘事結構的規律和敘事發展邏輯等。此類型以俄國形式主義（Russian Formalism）為代表，他們認為文學的內容千變萬化，而且內容乃形式的一部分，因此文學理論研究的重心並非研究文學是「什麼」，而是研究文學是「怎樣」表達。

第二類型著重研究敘事的「話語層次」，針對敘事作品中敘事者的口頭或筆端的「表達話語」，關注倒敘、預敘和視角等運用。此類型以法國傑奈特（Gerard Genette）為代表，他認為敘事可分為三個層次：(1) 敘事呈現的表層，即相當於形式主義的寓言；(2) 未經敘事安排的故事內容層次，即相當於形式主義的情節；(3) 敘事活動，即傳述的行動和過程，通常與故事無關。

第三類型兼顧敘事結構與敘事話語，以美國結構主義敘事理論的大將查特曼（Seymour Chatman）為代表，他提出故事和話語的分際，認為故事乃是內容的形式，而話語則是表達的形式。

「敘事學」最初雖意指研究文學作品結構的科學，亦即有關敘事結構的理論，但是自 1990 年代開始，人文領域對各種敘事研究的興趣日濃，掀起了「敘事轉向」現象，敘事不再是文學研究的專屬領域，幾乎在所有人文和社會科學的研究裡都可找到敘事的概念，比以往任何時候都開放給各個學術領域。其中，傳播和媒體研究也不例外，畢竟傳播和新聞等都是在向閱聽人敘說故事和意義，因此以敘事理論研究媒體文本，晚近在傳播學界相當熱門。

054

托多羅夫敘事

(一)命題（proposition）

行動者
例：小明救了很多人。

謂詞
例：小明是英雄。

(二)序列（sequence）

(1) 連接式──幾個序列依先後順序出場。

(2) 嵌入式──將某個序列嵌入在其他序列中。

(3) 交替式──兩個序列交替出現。

五種命題

1. 命題敘述平衡和諧的開始。
2. 命題有外力衝突的敘述。
3. 命題敘述失去平衡的狀態。
4. 命題敘述者恢復平衡的過程。
5. 命題敘述新的平衡。

敘事學（Narratology）

- 故事結構及話語技術。
- 受結構主義影響，研究文本的性質及運作的理論。

美國敘事學家普林斯（Gerald Prince）

敘事結構

- 俄國形式主義（Russian Formalism）為代表。
- 研究文學或電影的語法、結構及故事的發展等。

「話語層次」的研究

- 此類型以法國傑奈特（Gerard Genette）為代表。
- 研究認為文學的語言最為重要。
- 關注倒敘、預敘和視角等運用。

敘事結構與敘事話語

- 以美國結構主義敘事理論的大將查特曼（Seymour Chatman）為代表。
- 研究認為文學的內容結構與話語的技巧都有重要影響。

第5章 傳播媒體分析

● ● ● ● ● ● ● ● ● ● ● ● ● ● ● ● ● ● ● 章節體系架構

UNIT 5-1
賽局理論（Games Theory）

提出人：紐曼（John von Neumann, 1903-1957），出生於匈牙利的美國籍猶太人數學家，現代電腦創始人之一，在數學、電腦科學、經濟及物理學的量子力學領域都有重大貢獻。

背　景：紐曼在 1944 年與摩根斯特恩（Oskar Morgenstern）合著《賽局理論與經濟行為》（*Theory of Games and Economic Behavior*）一書中提出賽局理論，標誌著現代系統賽局理論初步形成，故而被尊稱為「賽局理論之父」。後來有其他學者相繼補充此理論，使賽局理論臻於完備。賽局理論被認為是 20 世紀經濟學其中一個偉大成果。

意　義：賽局理論是關於競爭與合作行為的分析工具，它乃透過數學模式，將生活中的競爭與合作區分為：(1) 合作性賽局（cooperative game theory），其分析單位是群體或聯合行為；(2) 非合作性賽局（non-cooperative game theory），其分析單位是賽局的參與者。在經濟分析中，多數使用非合作賽局理論，即預設參與方會善用一切機會，爭取最好的己方利益。

在賽局中，參與者的機會與命運分為「零和關係」和「非零和關係」，雙方（或多方）將會因利益消長而達致稱為「納許平衡」（Nash equilibrium）的均衡狀態。後有學者發展出「囚徒困境」（prisoner's dilemma）概念模型，透過數學化建構，解決一種「非零和」與「同時性」的決策行動。

該模式假設：甲、乙共謀犯案，事後遭逮捕並個別拘押，不得溝通。若兩人不招供，檢方將無足夠證據起訴。

於是，檢方分開訊問兩人，同時向兩人提出相同的三個選擇：(1) 若一人認罪並指證對方（背叛），而對方卻保持沉默，他將即時獲釋，沉默者將判刑 10 年；(2) 若二人都保持沉默（合作），二人同樣判刑半年；(3) 若二人互相指證（互相背叛），二人同樣判刑 2 年。

在這此模型中，甲乙皆有一個有利的「優勢策略」（dominant strategies）來決定行動，他們的「納許均衡」是雙方都認罪的結果。對甲而言，若乙不認罪而他認罪，可得到最大報酬；但是若乙認罪，他也認罪，才能將損失降低到最小。因此，無論如何，認罪是甲最好選擇，對乙而言亦然。最後雙方不是選擇對彼此皆有利的合作策略（都不認罪），反而陷入最壞的困境。他們透過理性所做的抉擇，極大化自己的利益，但卻始終害怕對方背叛。

賽局理論可用於分析媒體競爭，例如分析電視頻道的收視競爭，假設甲新聞臺和乙新聞臺競爭，八成觀眾喜歡八卦新聞，兩成觀眾喜歡政治新聞；以此較大的差距而言，對甲、乙兩臺最有利的「優勢策略」是偏重八卦新聞，而甲、乙兩臺將處於均衡狀態。當然，這將導致媒體內容漸趨同質化。

另一情況是，喜歡八卦新聞和喜歡政治新聞的觀眾比例接近（例如六成對四成），甲、乙兩臺同時偏重八卦新聞，它們將瓜分喜歡八卦新聞的觀眾。然而，假設甲臺決定主打政治新聞，以「差異化」策略吸引另外四成觀眾，也許會取得更好的成果。

（Prisoner's Dilemma）「囚徒困境」	乙　沉默	乙　認罪
甲　沉默	二人同樣判刑半年	乙獲釋，甲判刑 10 年
甲　認罪	甲獲釋，乙判刑 10 年	二人同樣判刑 2 年

電視頻道的收視競爭。例如：六成觀眾喜歡八卦新聞，四成觀眾喜歡政治新聞

	甲新聞臺	八卦新聞	政治新聞
乙新聞臺	八卦新聞	• 甲、乙兩臺最有利的「優勢策略」是偏重八卦新聞。 • 甲、乙兩臺將處於均衡狀態。 • 媒體內容漸趨同質化。 • 瓜分喜歡八卦新聞的觀眾。	• 甲臺決定主打政治新聞。 • 以「差異化」策略吸引另外四成觀眾，也許會取得更好的成果。
	政治新聞	• 乙臺決定主打政治新聞。 • 以「差異化」策略吸引另外四成觀眾，也許會取得更好的成果。	• 甲、乙兩臺偏重政治新聞。 • 甲、乙兩臺將處於均衡狀態。 • 媒體內容漸趨同質化。 • 瓜分喜歡政治新聞的觀眾。 • 成果一般不理想。

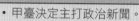

UNIT 5-2
傳播科技決定論（Communication Technology Determinism）

提出人：殷尼斯（Harold M. Innis, 1894-1952）、麥克魯漢（Marshall McLuhan, 1911-1980），兩人同為加拿大多倫多學派（Toronto School）學者。

背　景：殷尼斯分別在 1950 年出版的《帝國與傳播》（Empire and Communication）及 1951 年出版的《傳播的偏向》（The Bias of Communication）這兩本著作中，論述古文明的傳播模式如何主導社會變遷。麥克魯漢主要是在《認識媒體：人的延伸》（Understanding Media: The Extensions of Man）中，以「媒體即是訊息」的概念論述傳播科技決定論的觀點。

意　義：傳播科技決定論乃源自科技決定論的基本觀點：(1) 科技沿革本身遵循著一種可預測的、可溯源的路徑，大多超越出文化或政治影響的範圍之外；(2) 科技對社會具有某些影響或效果，而它們是先天的、固有的，而非社會制約的。

殷尼斯認為，時間（time）和空間（space）的觀念反映出媒體對文明的意義，而每一種媒體都具有本身的特殊形式，這個形式與社會現況互動後，造就出某種偏向，只要研究文明的主要媒體，便可以了解它的文化特性。而且，媒體可分類為重視時間的媒體和講求空間的媒體。

重視時間的媒體耐久度佳，例如羊皮、黏土板和石塊，雖然便以保存，可是移動困難，不利資訊傳布，在政治上有促進地方分權及神職階級統治的作用。講求空間的媒體，其耐久度較差、質輕，譬如草紙和紙張；由於便於攜帶，資訊得以大量傳布，在政治上傾向中央集權、排斥神職階級統治。

殷尼斯正是以這種媒體的偏向來解釋何以埃及著重歷史傳統、崇尚宗教權威，而羅馬則傾向中央集權、排斥神職階級統治，以及版圖疆域的擴充。他甚至認為，羅馬帝國更是征服埃及之後取得了紙張的供應，才造就大型帝國行政的基石。

殷尼斯的理論啟發了麥克魯漢，使得後者致力於研究傳播新形式對空間、時間和人類感知等方面的根本性影響，強調媒體最為重要之處乃其技術，而非其內容。「媒體即訊息」之概念，指稱任何媒體皆是人的擴充延伸，它們對個人、對社會造成的影響後果，都來自於我們每有延伸，或可說科技每有新發展，便為人事物導入了新的規模層級所致，例如他認為「人類在印刷技術上的延伸，造就了民族主義、工業主義、大眾市場，還有普及的識字能力與教育」。

這類決定論觀點招致諸多批評，例如英國文化研究大師威廉斯（Raymond Williams）就批評科技決定論是個與事實不符的概念，因為它無視於實質的社會、政治與經濟上的意向，反而去強調發明創造的自主性與抽象的人類本質。

傳播科技決定論的基本觀點

- 科技沿革本身遵循著一種可預測的、可溯源的路徑，大多超越出文化或政治影響的範圍之外。

- 科技對社會具有某些影響或效果，而它們是先天的、固有的，而非社會制約的。

時間（time）＋空間（space）＝媒體對文明的意義

媒體的特殊形式＋社會現況互動＝傳播的偏向

重視時間的媒體

- 耐久度佳。
- 例如羊皮、黏土板和石塊。
- 移動困難，不利資訊傳布。
- 在政治上有促進地方分權及神職階級統治的作用。

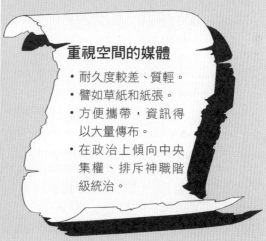

重視空間的媒體

- 耐久度較差、質輕。
- 譬如草紙和紙張。
- 方便攜帶，資訊得以大量傳布。
- 在政治上傾向中央集權、排斥神職階級統治。

061

殷尼斯論述古文明的傳播模式如何主導社會變遷的理論

↓

啟發了麥克魯漢，使得後者致力於研究傳播新形式對空間、時間和人類感知等方面的根本性影響，強調媒體最為重要之處乃其技術，而非其內容。

麥克魯漢「媒體即是訊息」之概念

- 指稱任何媒體皆是人的擴充延伸。
- 媒體對個人、對社會造成的影響後果，都來自於我們每有延伸，或可說科技每有新發展，便為人事物導入了新的規模層級所致。
- 例如他認為「人類在印刷技術上的延伸，造就了民族主義、工業主義、大眾市場，還有普及的識字能力與教育」。

UNIT **5-3**
社會決定論（Social Determinism）

提出人：威廉斯（Raymond Williams, 1921-1988），英國小說家、文化研究學者，新左派政治、文化、媒體批評的大將。

背　景：威廉斯在 1974 年出版的《電視：科技與文化形式》（*Television: Technology and Cultural Form*）一書，堪稱為社會決定論的代表作；他以電視為例，闡述科技與社會之因果關係，並批評了科技決定論。

意　義：科技決定論把科技從社會抽離出來，把新科技看成好像是從一片獨立領域裡自行冒出來，然後創造了新社會或新的人類環境。然而，科技的發生是人類「意向」（intention）的結果，人在心中先有了底，有了期望，才去找出、發展出電視這樣的科技。

所謂「意向」，並非憑空想像，而是有了長期的資本累積，加上種種技藝基礎的改良，才有工業生產的決定性轉變與新社會形式的現身，進而再創造新的需要，提供新的發展可能。例如，電視問世所經過的相關發明——從機械與電子傳輸，到電報、攝影、電影、無線電廣播——原本都另有他圖，只有在轉化與相互激盪之後，才促生了電視。這些發明大部分是在特定的選擇與意向中完成，成長迅速，隨之而來的就是如何有效傳通的問題。

威廉斯指出，引領新傳播科技發展有兩個新需要。一是社會、經濟與政治體系擴張的緣故，當政治權力集中以後，除了官方管道，權力中樞必須另從其他管道往外傳輸訊息；而且，當時的報紙刊載的消息，除了政治與社會等一般性新聞，另一半篇幅是分類廣告和一般商情，亦反映當時的商業交易體系正在急遽開展。

二是由於該體系的內部危機。社會變遷引發調適危機，報紙不失為一種具有競爭性而富於應變的傳播形式，符合新一類的社會需要，提供減輕焦慮與扮演論壇的角色。乃至時代往前推演，人們追求參與決策與控制前程的鬥爭日趨熾烈，先是爭取投票權，近則政黨互爭選票，報紙不但是新的傳播體系，更重要的是也成為新的社會機構。

諸如此類的傳通需要，在不同國度以彼此顯然有異的方式浮現出來，也被人以技術上的問題加以界定。因此，傳播科技以何種面貌存在，不是傳播科技的內在邏輯所自然產生的結果，而是受到其所處社會的資本勢力和國家機關的影響。例如早期電視制度的基本發展，是在「公共服務」與「商營」制度二者對立或競爭下進行，英國 BBC 獨一無二的「公共服務」，在商營電視網誕生之後，備受挑戰；美國則兩造實力差距太大，商業廣播先行發展壯大，之後才有公共服務加入陣容，但終究只是杯水車薪。

意向雖在控制之中，效果卻在控制之外。人對科技的應用具有自主性，社會發展的整個過程有許多衝突因素，可能讓我們從中借力，以新方法運用某些或全部的新科技，達到與現行社會秩序相當不同的目標；我們實際上會有哪些選擇，會把科技充作什麼用途，都是社會發展、社會成長與社會抗爭這整個大過程的一環。

圖解傳播理論

威廉斯（Raymond Williams, 1921-1988）

- 英國文化研究創始人之一。
- 1972-1973 年到美國訪問時，受到美國電視生態的激發，在 1974 年出版了《電視：科技與文化形式》。
- 威廉斯有豐厚的條件研究電視，因為他用各種方式積極參與電視的運作，發表有關電視的評論，他有深入的電視經驗。
- 他不能認同英國當時的主流電視理論，因為這類理論都是以精英主義的角度來研究電視，過分注重電視的效果問題。
- 當時商業電視為收視率，迎合觀眾，導致節目內容品質受損。
- 威廉斯認為麥克魯漢的《認識媒體：人的延伸》（*Understanding Media: The Extensions of Man*）中，以「媒體即是訊息」的概念論述傳播科技決定論的觀點是文化精英主義的表現。
- 身為英國的新左派人物，剛開始就被批評對馬克思主義的理解不夠。因此，威廉斯開始深入研究馬克思主義思想。
- 威廉斯的電視研究是探討技術、社會制度及文化的關係。
- 威廉斯認為電視作為技術的改革是推動社會改變的因素是錯誤的。
- 他認為是意向推動了技術改革，所以是意向改變社會，而不是技術。

威廉斯發現

1. 美國的電視與政府及商業掛鉤。
2. 美國電視傳播政治權威的文化形態，也附和資本主義的消費行為。
3. 電視的國際化是美國擴張計畫的策略。

UNIT 5-4
傳播科技（Communication Technologies）

提出人：羅吉斯（Everett M. Rogers, 1931-2004），美國傳播學者、社會學家，他的其中一個著名理論是「創新傳布理論」。

背　景：羅吉斯在 1986 年出版的《傳播科技：社會的新媒體》（*Communication Technology: The New Media in Society*）一書中，詳細討論了新傳播科技的演變。

意　義：羅吉斯在前述著作中指出，「科技」（technology）一字乃源自拉丁文字根 Texere 所指的編織或建構之意，不應只是被限定在機器的使用上；反之，「科技」是為了實現預期的結果而採用的一種設計，以借助器械運作降低因果關係中的不確定性。至於「傳播科技」，他定義為：它是硬體設備、組織結構與社會價值觀之集合，個人可藉以蒐集、處理資訊，並與其他人交換這些資訊，某些傳播科技甚至可追溯至人類歷史之伊始，例如口語和山洞牆壁上的圖畫書寫形式。

羅吉斯將人類傳播科技的演進簡化為四個紀元：

1. 手寫（writing）：可追溯至大約西元前 4000 年至公元 1456 年古騰堡活字印刷術發明為止。其時，重要書籍（如聖經、亞里斯多德或維吉爾的著作），都由寫得一手好字的天主教教士手抄完成。

2. 印刷（printing）：印刷科技最早始於公元 1041 年，畢昇發明活字版，但直到古騰堡以活動金屬鉛字發明了印刷術之後，往昔每年僅能以抄寫方式複製兩本書，提高到以古騰堡的印刷機一天就能印製一本書。雖然書籍得

以廣泛使用，但是由於當時歐洲人口的識字率不高，印刷科技產生的衝擊要到古騰堡印刷機發明的 380 年之後，即 1883 年 9 月第一份「便士報」（penny press）——《紐約太陽報》（*New York Sun*）——面市後才特別顯著。而且，此時的高速印刷機使得銷售三、四萬份報紙的大型報業成為事實。

3. 電訊傳播（telecommunication）：電訊傳播科技始於 18 世紀中期，它的一項重要的功能是為交通運輸提供了替代品，而且提供了一個超越識字障礙，跳入大眾傳播的方法。不過，電訊科技基本上還是單向、一對多點的大眾媒體；雖然單向電子媒體（如廣播、電視）也能有某個程度的回饋（例如投函，或現在所謂的「叩應」），但與後來的互動傳播媒體相比，畢竟還是小巫見大巫。

4. 互動傳播（interactive communication）：以 1946 年美國賓州大學發明第一部電腦主機 ENIAC 作為互動式傳播元年；到了 1980 年代，已有足夠多的人擁有電腦，電腦於是成為傳播的工具。羅吉斯的這本著作在 1986 年出版，雖論及電子郵件，但其時網際網路尚未普及，自然未能論及；不過，依網際網路之互動性而言，將之歸納於此紀元，應無爭議。

羅吉斯認為新傳播科技具有三種關鍵特質：(1) 互動性，猶如兩人面對面談話；(2) 個人化和小眾化，控制權由訊息產製者移至消費者；(3) 異步性，人們收發訊息不再受到時間束縛。

人類傳播科技的演進

手寫（writing）

例如：手抄書、書信和明信片等。

印刷（printing）

例如：報紙、雜誌、印刷書和小冊子等。

電訊傳播（telecommunication）

例如：廣播、電視和電影等。

互動傳播（interactive communication）

例如：電子郵件和社交網站等。

印刷術的發明及使用對歐洲的思想有重大影響

| 宗教改革 | 文藝復興 |

印刷術的發明及使用

| 教育普及化 | 民族主義興起 |

麥奎爾 (D. McQuail) 在 2003 年出版的《大眾傳播理論》裡提出討論大眾傳播媒體歷史的三個要素

1. 傳播媒體有特定的傳播目的、需求或使用。
   如：資訊、娛樂和教育等。

2. 傳播媒體可以向距離較遠的閱聽人
   傳達訊息的技術。

3. 傳播媒體可以提供技術和技巧的運用，
   和建構社會組織形式。

UNIT 5-5
地球村（Global Village）

提出人：麥克魯漢（Herbert Marshall McLuhan, 1911-1980），他是 1960 年代至 1970 年代國際傳播學界一位知名學者，曾提出「媒體即訊息」、「冷熱媒體」等重要概念，雖在 1970 年代末期逐漸沒落，晚近卻因其學說預示了網路的到來而重獲重視，更被喻為「數位文化和網路空間的先知」。

背　景：「地球村」是網際網路開始普及時常被引用的詞彙，而麥克魯漢早在 1962 年出版的《古騰堡的知識銀河：活版印刷人之形成》（*The Gutenberg Galaxy: The Making of Typographic Man*）一書中提出此概念。本書分析西方文明從口語、手抄書到印刷術出現時期，人類如何從聽覺文化過渡至視覺文化，以及印刷術最後如何促成人類意識的同質性，並催生民族主義和個人主義。

意　義：麥克魯漢認為，人類文明可分成三個時期：部落時期、非部落時期及重新部落時期，而此三個時期乃根據傳播媒體之不同加以劃分。在部落時期，人們以口耳相傳的方式傳遞訊息；而文字產生及印刷術發明，使得人從書籍獲得知識，逐漸成為「古騰堡人」；到了機械化的時代，電子媒體的發達使得人們再度回到「部落化」的生活，「新出現的電子互賴關係，會將世界改造成地球村的樣子。」

所謂「地球村」，乃形容日新月異的傳播科技逐漸消除空間與時間的距離，地球上各分散的區域因而重新被聚合起來，終究變成一個大部落。麥克魯漢在《古騰堡的知識銀河》裡寫道：「電子時代把整個人類大家庭密封在一塊，成為一個單一的全球部落 …… 『時間』已經停止，『空間』已經消逝。我們現在生活在一個地球村 …… 一個同時發生的事情。」

換言之，「地球村」就是電子媒體聯結而成的世界，自 1957 年起，蘇聯的人造衛星和其他轉播設備開始環繞地球，並使得地球變成媒體環境的內容，將社會從一個機械化、客觀的、關係單純的，且為「視覺的」印刷品世界，轉變成一個可供沉迷的、關係糾纏的、立即的，且為「聽覺的」電子世界。

想像一下電視轉播的情況：世界各地的球迷同時盯著電視觀賞世界盃足球賽的轉播，此情景和全村的人一起坐在運動場看臺上看村民踢足球之情景相似。不同的是，在運動場觀賽的村民之間及村民和球員之間可能會有互動，但電視觀眾多數是孤立的，而且和他們所觀看的比賽之間仍有隔閡。

隨著電腦問世和網際網路的出現，堪稱實現了麥克魯漢的「地球村」概念，世界各地的人不只可以同時在網路空間裡接觸同一個訊息，而且還能即時互動、交換想法，做到了麥克魯漢所謂時間的停止和空間的消逝。正是據此脈絡，許多人認為麥克魯漢「預言」了網際網路之誕生，他也因此在網路盛行的時代重新成為備受矚目的學者。

地球村

日新月異的傳播科技逐漸消除空間與時間的距離，地球上各分散的區域因此而重新被聚合起來，終究變成一個大部落。

麥克魯漢（Herbert Marshall McLuhan, 1911-1980）

電子時代把整個人類大家庭密封在一塊，成為一個單一的全球部落……「時間」已經停止，「空間」已經消逝。我們現在生活在一個地球村……一個同時發生的事情。

世界各地的球迷同時盯著電視觀賞世界盃足球賽的轉播

全村的人一起坐在運動場看臺上看村民踢足球之情景

電視觀眾多數是孤立的，而且和他們所觀看的比賽之間仍有隔閡

在運動場觀賽的村民之間及村民和球員之間可能會有互動

電腦問世和網際網路的出現

↓

麥克魯漢的「地球村」概念實現了

↓

世界各地的人不只可以同時在網路空間裡接觸同一個訊息

↓

還能即時互動、交換想法

↓

做到了麥克魯漢所謂時間的停止和空間的消逝

UNIT 5-6
媒體即訊息（The Medium is the Message）

提出人：麥克魯漢（Herbert Marshall McLuhan, 1911-1980），誕生於加拿大，是 1960 年代至 1970 年代國際傳播學界一位知名學者。他雖提出「媒體即訊息」等重要概念，但由於其學說特性和個人作風備受爭議，在 1970 年代末期逐漸沒落，晚近因網路的興起而重獲重視，還被喻為「數位文化和網路空間的先知」。

背　景：麥克魯漢於 1964 年出版的經典著作《認識媒體：人的延伸》（Understanding Media: The Extensions of Man），第一章就以「媒體即訊息」為題討論此概念。他所研究的主導性主題，是關於傳播新形式對空間、時間和人類感知等方面的根本性影響；其著作闡述新的媒體技術引起的一些深刻變化，認為媒體最為重要之處乃其技術，而非其內容。

意　義：麥克魯漢所謂的「媒體」，不限於我們一般理解的傳達訊息的媒體，而是廣義地涵蓋了任何涉及交換和資訊的技術，舉凡口語、書寫、道路、數字、衣服、房舍、錢、鐘錶、印刷、漫畫、印刷字、輪子、照片、自動車輛、廣告、賽事、電報、打字機、電話、留聲機、武器等，都是媒體。

「媒體即訊息」這句話的意思，則是指任何媒體皆是我們本身任何擴充延伸，它們對個人、對社會造成的影響後果，都來自於我們每有延伸，或可說科技每有新發展，便為人事物導入了新的

規模層級所致。他就以「電燈」為例，說明電燈光是純資訊，可說是一個沒有訊息的媒體。雖然它不負載任何訊息，但是它能使我們工作得很晚，或是在清晨工作得很早，可說扭轉了時空關係，也影響了我們建構自己的公眾生活和私人生活的方式。

電燈因它沒有「內容」而未被認出是一種傳訊媒體，但不管電燈光是用來動腦部手術，還是打夜間棒球，這些活動就某種意義而言可算是電燈光的「內容」，因為倘若沒有電燈光，它們就無法存在。換言之，媒體本身塑造並控制了人事關聯與人類行動的規模與形式。所以，麥克魯漢反對獨尊內容討論的媒體研究，因為媒體的存在乃是獨立於內容之外，而所謂的「內容」與用途雖然五花八門，對人事關聯的形塑卻完全無能為力，它們就像小偷手上拿著的美味多汁的肉塊，只是用來轉移我們心靈看門犬的注意力。

麥克魯漢又指出，任何媒體的「內容」也都是又一媒體，書寫文字的內容是言詞，正如書寫文字本身是印刷的內容，而印刷又是電報的內容；意指過去的媒體形式即是今日的媒體訊息，這才使得媒體的影響效果強大濃密。

此概念的貢獻乃揭櫫當代社會是由多重媒體共同發揮作用，沒有任何一個媒體是完全獨立存在，而一個媒體形式的出現，對社會文化產生的衝擊遠大於它能承載的任何內容。

媒體即訊息

- 每一種媒體的出現都會帶來訊息,影響社會。
- 媒體的技術是推動社會改革主要動力。
- 閱聽人是被動的。

媒體是人的延伸

- 媒體影響了人類身體的感覺系統。

媒體	身體的延伸部位
• 書寫、印刷字、漫畫、繪畫及照片等	• 眼睛
• 電話、留聲機及廣播等	• 耳朵
• 電視	• 眼睛及耳朵
• 輪子	• 腳

電燈光

- 一個沒有訊息的媒體。
- 讓我們晚上可以像白天一樣的活動。例如:夜間球賽。
- 這些活動就某種意義而言,可算是電燈光的內容。

麥克魯漢於 1964 年出版的經典著作《認識媒體:人的延伸》(*Understanding Media: The Extensions of Man*),原文書名本來是《媒體即訊息》(*The Medium is Message*),但是卻被排版的工人將 Message 的「e」誤植為「a」。因此,《媒體即訊息》這本書的書名就變成《媒體即按摩》(*The Medium is Massage*)。然而,麥克魯漢卻不在意,他認為書名被改為《媒體即按摩》的錯誤,正好也能反映出《媒體即訊息》的特質。

UNIT 5-7
熱媒體、冷媒體（Media Hot and Cold）

提出人：麥克魯漢（Herbert Marshall McLuhan, 1911-1980），他是 1960 年代至 1970 年代國際傳播學界的知名學者，享有「20 世紀媒體理論宗師」、「數位文化和網路空間的先知」及「自牛頓、達爾文、佛洛依德、愛因斯坦和巴甫洛夫以來最重要的思想家」等美譽，但在 1970 年代末期逐漸沒落，晚近因網路的興起而重獲重視。

背景：麥克魯漢於 1964 年出版的經典著作《認識媒體：人的延伸》（*Understanding Media: The Extensions of Man*），第二章提出媒體有「熱」和「冷」之分，並申論「熱媒體」和「冷媒體」的差異和相對關係，指出西方文化長期受制於印刷的序列式思考，面對電子媒體引發的結構式思維和再部落化現象時，將產生極大衝擊。

意義：麥克魯漢提出區分「熱媒體」和「冷媒體」的基本原則是：「熱媒體」是指能以「高解析度」延伸人體某個單一感官的媒體，例如廣播、電影、照片、書籍、報刊等；「冷媒體」則是以「低解析度」延伸感官整體，例如電視、電話、漫畫、談話等。

「高解析度」是指被資料數據全然充滿的狀態，意即熱媒體的訊息經過嚴格地編輯，受眾被剝奪了參與機會，只能被動地接受訊息，因此它具有「排他性」。電影是熱媒體，因為在電影院裡觀賞電影，實際上是孤立於其他觀眾，這種社會活動並不允許觀眾的各種參與形式。印刷媒體也是熱媒體，因為從訊息流通角度而言，閱讀活動對主體沒有什麼要求。閱讀發生於私人空間，而不是公眾空間，而且知識生產是由少數人完成。

反之，「低解析度」是說冷媒體還有許多空間可讓受眾自行去參與填補，調動了受眾的再創造能力，因而它具有含括性。冷媒體最為明顯的例子就是電話，電話需要完全的參與，總是有其使用者（至少兩個人參與其中）。電視也是冷媒體，它是更加非集中化的媒體，當時大多數電視機的圖像並不逼真，使受眾在意義產生過程中成為更加平等的夥伴，促進「深度參與」。

如何辨別熱媒體和冷媒體呢？麥克魯漢提出，其中一個方法是比較、對照兩種不同的播出，例如電影之所以是熱媒體，乃因其觀眾的視線受背後的光源將其誘導到前面的銀幕上；而電視之所以是冷媒體，皆因其觀眾是直接面對顯像管這一光源，因而對觀眾而言，電視是一個更需要積極主動地參與和解讀的外部世界。

麥克魯漢認為，熱媒體和冷媒體對使用者具有極為不同的影響，例如熱媒體拼音字母帶動印刷術興起，促成獨裁政體與個體主義；書寫媒體持續加溫，最後形成逆反，造成宗教戰爭和國家主義的興起。其中，熱媒體又對冷、熱文化具有不同的意義，例如口語部落對待收音機的驚愕，恰與歐美視此為娛樂成反比。

媒體有「熱」和「冷」之分

熱媒體

以「高解析度」延伸人體某個單一感官的媒體

- 資料數據全然充滿的狀態。
- 訊息經過嚴格地編輯。
- 受眾被剝奪了參與機會。
- 只能被動地接受訊息。
- 具有「排他性」。

例如廣播、電影、照片、書籍、報刊等。

電影是熱媒體

- 觀眾的視線受背後的光源將其誘導到前面的銀幕上。
- 因為在電影院裡觀賞電影，實際上是孤立於其他觀眾。
- 這種社會活動並不允許觀眾的各種參與形式。

印刷媒體也是熱媒體

- 訊息流通角度而言，閱讀活動對主體沒有什麼要求。
- 閱讀發生於私人空間，而不是公眾空間。
- 知識生產是由少數人完成。

電視是冷媒體

- 其觀眾是直接面對顯像管這一光源。
- 電視是一個更需要積極主動地參與和解讀的外部世界。
- 它是更加非集中化的媒體。
- 當時大多數電視機的圖像並不逼真，使受眾在意義產生過程中成為更加平等的夥伴，促進「深度參與」。

冷媒體

以「低解析度」延伸感官整體

- 還有許多空間可讓受眾自行去參與填補。
- 調動了受眾的再創造能力。
- 因而它具有含括性，為更加平等的夥伴，促進「深度參與」。

例如電視、電話、漫畫、談話等。

電話也是冷媒體

- 電話需要完全的參與，總是有其使用者（至少兩個人參與其中）。

電子媒體引發的結構式思維和印刷的序列式思考的差異和相對關係，將產生極大衝擊。

UNIT 5-8
媒體生態學（Media Ecology）

提出人：波斯曼（Neil Postman, 1931-2003），美國紐約大學媒體生態學教授，代表作有《童年的消逝》（*The Disappearance of Childhood*）等。

背　景：「媒體生態」一詞最早由麥克魯漢提出，作為一種比喻，以幫助讀者理解傳播科技和媒體對文化深度和廣度所發揮的生態式影響；直到波斯曼在 1968 年首次公開使用媒體生態學此術語後，它才轉變為代表一種媒體研究的學術專有名詞。另有中譯為「媒體環境學」。

意　義：媒體生態學是北美傳播研究的一個思想傳統，旨在研究文化、科技與人類傳播之間的互動共生關係，主要奠基人包括被許多美國媒體生態學家視為媒體生態學方法之創立者的芒福德（Lewis Mumford）、法國社會學家伊勒爾（Jacques Ellul）、加拿大政治經濟學家殷尼斯（Harold A. Innis）、麥克魯漢及波斯曼，波斯曼更被譽為媒體生態學真正的開山鼻祖。

波斯曼在 1968 年將媒體生態學定義為「將媒體作為環境來做研究」，此說可從兩個層面說明。首先，媒體生態學將一種（或任何）環境視為結構，比如假設這一媒體是書寫系統、煙信號或電影，當我們掌握這種或任何媒體之時，我們也適應了媒體本身這一符號環境，且必須遵循其內部邏輯，來觀察、表現或者說形成我們對所相信的周圍世界的概念。因此，媒體生態學是對傳播媒體在人類感知、人類意識或者人類思維過程中扮演何種角色的研究。

第二個層面指出，符號環境的本質特徵並不在於一種媒體或一套專門的代碼和語法，而在於兩種以上或多套專門的代碼和語法的並存。就此層面而言，媒體生態學的理論關注點不只集中在多樣媒體中每種媒體的內在符號結構，而是媒體共存的動態影響及它們的互動如何產生或組成一種合成的符號環境，其符號整體與各個符號部分的總和有著質的不同。

「媒體作為環境」之概念包含媒體生態學領域中三個相互連結的理論命題：

1. 媒體生態學假定傳播媒體在將資料或資訊從一個地方傳遞到另一地方時，並不是中性、透明或無價值的通道；反之，媒體的內在物質結構（physical structures）和符號結構（symbolic structures）在塑造什麼資訊被編碼、傳輸和編碼、傳輸、解碼的過程中扮演著解釋和塑造性的角色。

2. 媒體生態學假定每一媒體那套專門的物理和符號特徵為其帶來了一套偏倚或偏向（biases）。任何傳播技術的概念和發展的背後，總是存在著人們想到的一些理由和意圖，而界定傳播技術物質形式和符號形式的，就是這些理由和意圖。

3. 媒體生態學進一步指出，媒體會促成各種不同的物質的、知覺的、社會的、經濟的、政治的和文化的因果關係，它們與媒體獨特的內在偏倚有關。此命題直接論述了媒體生態學典範的一個關鍵理論問題，即技術和文化的關係，尤其是傳播技術如何影響文化的問題。

媒體生態學的主要奠基人

美國媒體生態學家芒福德（Lewis Mumford）

• 媒體生態學之創立者。

法國社會學家伊勒爾（Jacques Ellul）

• 他認為人類的日常生活已受到技術的控制。

加拿大政治經濟學家殷尼斯（Harold A. Innis）

• 他認為媒體有時間和空間的偏向。

加拿大傳播大師麥克魯漢（Marshall McLuhan）

• 最早提出媒體生態。
• 講解傳播科技和媒體對文化深度和廣度所發揮的生態式影響。

美國媒體生態學教授尼爾・波斯曼（Neil Postman）

• 首次公開使用媒體生態學此術語。
• 媒體生態學真正的開山之父。

文化？傳播技術如何影響	臉書	
	可以透過手機或電腦無時無刻把自己的想法和感想分享給朋友。	媒體的改革、傳播技術的進步形成了不同的日常生活形態。新媒體的使用者影響了媒體的傳播形態，新的傳播形態也影響了人類的文化。
	朋友也可以隨時隨地接收到你所發的消息，並參與討論。	
	轉發訊息快及簡單，容易造成話題。	

媒體生態學
環境視為結構
傳播媒體如何影響
• 人類感知
• 人類意識
• 人類思維

媒體生態學的命題

• 媒體傳播訊息的過程不中立，而且會透過編碼來塑造議程。
• 媒體傳播技術的改革是為了符合傳播的理由和意圖。
• 訊息帶有偏向（biases）。
• 媒體的傳播技術會影響文化的問題。

UNIT 5-9
媒體所有權集中（Media Concentration）

提出人：默多克（Graham Murdock），英國拉夫堡大學文化與經濟教授；戈定（Peter Golding），曾任英國拉夫堡大學社會學教授，現任英國諾森比亞大學副校長。兩人皆為英國傳播政治經濟學陣營中的兩員大將。

背　景：默多克和戈定在 1974 年發表的文章〈大眾傳播的政治經濟學〉（For a Political Economy of Mass Communications），以英國報業、廣電媒體、電影和唱片業的所有權結構為例，批判媒體所有權集中現象，奠定了傳播政治經濟學的基本藍圖。

意　義：默多克和戈定在上述文章裡開宗明義寫道，傳播政治經濟學最明顯的起點，就是承認大眾媒體首先就是一個生產和配銷商品的工業與商業組織，但是多數分析都集中於個別媒體領域的情況，忽視不同媒體領域之間浮現的聯繫，即媒體企業和其他大型工業締結相互投資和持股，以及互兼董事的關係。

媒體所有權日益集中在少數大集團手上，是三個相互關聯的過程所形成的結果，這三個過程是：整合、多元化和國際化，可謂是所有權集中的三個面向。

1. 整合（integration）：整合的兩個主要類型是：(1) 水平整合（horizontal integration），將相同生產水平的其他產業整合在同一個集團旗下，例如同一媒體集團同時控制書籍出版業、報業、廣電媒體、網路媒體，甚至電影和唱片等，使公司得以鞏固和擴大它某個媒體生產領域的控制權，以及最大化規模經濟和共享資源。(2) 垂直整合（vertical integration），即將上、中、下游業者整合成為單一集團，進而同時掌控原料供應、資本器材提供、配銷與零售過程，以期提高產能效率、降低開支，達到獲利最大化。這兩種類型的整合都是透過兼併與接管的機制加以實現。

2. 多元化（diversification）：規模較大的媒體集團日益多元化他們的商業利益，併購各種休閒與資訊供應產業之控股，甚至是與媒體無關的產業如林業、金融業，以期分散風險，減輕某個領域遭逢經濟衰退時所受到的影響。

3. 國際化（internationalization）：意指媒體集團追求出口和外國投資，以及外國資本控制本國媒體公司所有權。

默多克和戈定提出，媒體所有權集中造成兩方面的影響：(1) 閱聽人的休閒與娛樂的選擇縮減；(2) 媒體集團鞏固它對資訊與共識的控制。

美國的媒體所有權集中現象也不遑多讓。曾榮獲普利茲獎的美國記者巴格迪坎（Ben H. Bagdikian）在 1983 年出版了《媒體壟斷》（The Media Monopoly）一書，描述美國 50 家大公司對美國傳播業集中控制所產生的影響，以及它們如何控制美國人的所見所聞。該書第二版在 1987 年面市時，原有 50 家大媒體公司已經縮減至 29 家；1990 年第三版面市，再減至 23 家，到了第四版剩下 14 家。1997 年第五版面市時，美國僅剩下 10 家大媒體公司，但這還不是最糟糕的局面；第七版在 2004 年面市時，美國人的所見所聞，全賴於 5 家媒體公司而已。

媒體所有權集中

整合（integration）

多元化（diversification）
- 併購各種媒體產業或與媒體無關的產業。
  例如：電影公司擁有電視臺及觀光產業等。

國際化（internationalization）
追求出口和外國投資，以及外國資本控制的所有權。

水平整合（horizontal integration）
例如：一家報業集團收購另一家原本是敵對的報社。

垂直整合（vertical integration）
例如：一家電視臺收購了提供影片的節目製作公司。

媒體所有權集中的影響

1. 媒體控制閱聽人所接收的訊息
- 閱聽人可以透過各種不同的通道去蒐集訊息，但是訊息的編碼、內容的立場都經過統一的處理。
- 媒體集團壓制社會的不同聲音，弱勢團體的聲音很少有機會出現在媒體。所以意見一言堂就會出現，也危及民主的社會體制。
- 訊息的篩選與再現導致訊息不能精準地描述社會真實。

2. 媒體集團可以降低媒體製作的成本，提高經濟效益
- 同一家的媒體集團旗下的媒體機構可以資源共享及技術的交流等，省下不少開銷。

3. 媒體組織結構的改變
- 媒體組織隨著媒體的整合而改變組織結構。

4. 媒體從業員職責的變化
- 跨媒體工作的能力，是對媒體從業員的基本要求。
- 記者不再是寫稿的記者而已，有時他們還需要兼任攝影記者或廣播員。

UNIT 5-10
新聞置入性行銷（Product Placement in News）

提出人：諸家。

背　景：「置入性行銷」或稱「產品置入」是廣告行銷業界行之多年且廣泛使用的產品行銷手段，其歷史起源可追溯至二戰期間，大型消費商品廠家資助肥皂劇，以將產品訊息置入劇本之中。晚近各類新聞媒體出現大量的置入性行銷內容，引起社會爭議。

意　義：「置入性行銷」意指透過付費或利益交換的方式，將產品、品牌名稱或商標等相關產品訊息，策略性地置入於任何形式的傳播媒體內容，包括：電影、電視節目、音樂錄影帶、電腦遊戲軟體、小說等，企圖結合置入情境的生活形態，增加產品或品牌的知名度與說服力，進而影響消費者的態度及購買意願，並期望能因而加強消費者對置入產品的正面情感及認同。

在臺灣，社會和學界對置入性行銷的批判，主要集中在新聞報導受到政治與商業的影響，導致新聞報導充斥著商品和政治訊息的置入性行銷。臺灣學者蔡樹培歸納出，電視新聞置入性行銷分為下列四類形態：

(一) 策劃報導

行銷傳播代理商直接贊助某一電視新聞雜誌節目，作一項專題報導，詳細介紹產品的品質、功能、特色，或者是產品生產的過程，乃至於產品使用者的體驗等。在報導內容中，企業主管可能會以發言人的角色，針對產品做輔助性的介紹。

(二) 與公關活動搭配

可算是事件行銷的延伸，記者錄製或現場報導產品的上市或說明會活動，在新聞報導直接露出產品活動的畫面。往往這些活動畫面具有相當醒目的聲光效果，可供多重角度的拍攝，或請來名人在活動中發言或表演，以強化新聞性。

(三) 新聞話題置入

電視新聞主播在報導一項新聞話題時，用某一產品品牌作例子，將這個品牌與新聞話題結合。此一手法也可能會報導一些其他的相關品牌，以表現平衡報導的樣貌，而骨子裡卻是只以某一產品品牌為主題。

(四) 談話性節目置入

在各類電視新聞談話性節目中，主持人與來賓都可能似乎不經意地提到某個產品品牌，描述他們使用這個品牌的親身體驗，或談論其他使用者對這個品牌的感受與想法。此外，某一產品品牌也可能成為新聞談話性節目主持人與來賓共同討論的焦點。

除了商業廣告力量之外，政府業已成為新聞置入性行銷的最大買主，從中央政府到各級地方政府，紛紛把注龐大預算從事媒體宣傳。在臺灣，2010 年底發生《中國時報》資深記者黃哲斌辭職抗議日益嚴重的政府媒體置入性行銷與媒體業配新聞，再次引發學界和公民團體連署抗議政府收買媒體。2011 年初，立法院通過修正預算法，規定政府各機關暨公營事業、政府捐助成立的財團法人與轉投資事業，均禁止置入性行銷。

置入性行銷的形式

- 一般以發表會、活動介紹、説明會、專題報導、座談會、特別企劃和專欄等形式出現。

- 內容一致，立場偏倚，提高對產品的認同感。

- 產品不時出鏡，品牌名稱或商標雖經過處理，但仍然可以辨認出來。

- 報導內容提供產品線索，如特性及地理位置等。

例如：嘉賓介紹美食時，論及對某個品牌的看法。

market　product

例如：報導夏天旅遊的景點，不乏主題公園。

策劃報導

電視新聞置入性行銷

談話性節目

公關活動

例如：報導鳳梨酥的產業增長力上升的新聞時，以一品牌為例。

例如：林書豪的臺灣行程，包含他代言商品的推介活動。

Report

新聞話題

UNIT 5-11
閱聽人商品（Audience Commodity）

提出人：史麥塞（Dallas W. Smythe, 1907-1992），加拿大的傳播政治經濟學學者，曾任美國聯邦傳播委員會首任首席經濟學家，後來到伊利諾大學傳播研究所任職，開設了全世界第一個有關傳播政治經濟學的課程。

背　景：史麥塞在1977年發表的期刊論文〈傳播：西方馬克思主義的盲點〉（Communications: Blindspot on Western Marxism），提出與當時以意識形態批判為論述主調的馬克思主義學者極不相同的「閱聽人商品」概念，並引發關於「盲點」的辯論。

意　義：史麥塞點出西方馬克思主義者沒有致力於分析大眾傳播體系在政治與經濟上的重要性，並主張自許為歷史唯物論的人研究大眾傳播體系時，提出的第一個問題應該是「它們替資本提供了什麼樣的經濟性服務？」據此前提，叩關第一問就是：由廣告出資支應大量生產的傳播，其商品形式是什麼？而答案是「閱聽人」。

壟斷資本主義之下無休閒，大多數人的非睡眠時間都是工作時間，用來生產一般意義的商品；職業以外的工作時間，最大宗的要算是賣給廣告商的閱聽人時間，但賣主並非工作者本身，而是大眾媒體。在把「他們的」時間賣給廣告商之時，閱聽人作為工作者：(1)替消費財貨的生產者執行了很重要的行銷功能；並且(2)為著勞動力的生產與再生產而工作。閱聽人替廣告商作的工，則是學著去購買特定「品牌」的消費財，以此支應其收入。

閱聽人商品的特殊之處，在於他們在商人眼中只不過是「人口學變項」，包括年齡、性別、收入、家庭成員形態、家居的城鄉差別、種族歸屬、社會階級等；另外，如果是要滿足休閒嗜好或時髦雜誌廣告商的需要，則又要加上閱聽人對攝影、運動車、國外旅行、性怪癖等各方面資料。

廣告商付費作廣告，是購買閱聽人提供的服務，他們具有某些可資預測的特性，在可預測的時間裡，有足資預測的若干人數，會使用某些特定的傳播工具。同時，廣告商仰賴如尼爾森收視率調查公司等次級部門蒐集特定閱聽人的社會經濟資料，確認購買到怎麼樣的閱聽人商品。

閱聽人商品是由各種各樣的大眾媒體所生產，這些媒體在許多方面又與廣告代理、演藝人員公司、各種傳播節目公司、影片製作人等機構有著糾葛萬分的關係。另一個同等重要的制度，缺少它則閱聽人商品就無由生產——家庭。

為了吸引廣告商出資購買閱聽人商品，媒體不僅提供「免費午餐」（媒體內容），還要是足以刺激潛在顧客之胃口的素材，以便：(1)吸引閱聽人繼續注意電視節目、報紙或雜誌；並且(2)醞釀合宜的氣氛，以求有利於廣告那些或是明顯挑白的說，或是拐彎抹角隱喻有加的訊息訴求。

閱聽人如何被商品化？

• 傳播新科技的發展有利於廣告商蒐集閱聽人使用媒體的
資料，例如：機上盒可以記載及收錄閱聽人使用媒體的
形態。媒體不一定要收費，但是媒體一定需要閱聽人，
因為閱聽人使用媒體的過程是媒體的收入來源。閱聽人
的資料是媒體販賣給廣告商的商品。廣告商需要這些資料
來瞭解顧客群的特質，以針對特定的顧客群設計廣告，
並盡可能達到廣告的最大效益。

• 閱聽人經過廣告的渲染之下，學
習廣告內容的消費方式來生活，
認同其價值觀，去購買特定品牌。

媒體為了吸引更多的閱聽人

媒體提供免費的訊息	媒體提供刺激閱聽人的素材
• 吸引閱聽人繼續注意媒體訊息。	• 訊息充滿廣告商的訴求。

有閱聽人，就有廣告商出資購買閱聽人

UNIT 5-12
媒體的雙元產品市場（Dual Product Market）

提出人：皮卡德（Robert G. Picard, 1951-），美國傳播學者，專長於媒體經濟學，編著的媒體經濟學相關著作超過 25 本，曾任美國加州大學富勒頓分校教授。

背　景：皮卡德在 1989 年出版的《媒體經濟學》（Media Economics）一書裡，討論了「雙元產品市場」之概念。

意　義：媒體產業和其他產業雖然有若干相似之處，但就它們所運作的市場性質而言，兩者另有不同之處。其中一個令媒體產業非比尋常的特點，是它們發生運作的場域乃是一個「雙元產品市場」，意即它們只創造一種產品，卻活躍於兩個性質迥異的財貨與勞務市場；而且，媒體產品在彼市場的表現良窳，將影響它在此市場的成效，反之亦然。

「雙元產品市場」所指的第一個市場，乃是媒體作為財貨或媒體產品的市場。無論是娛樂或資訊，經過包裝之後，以報紙或廣電媒體之形式呈現給消費者，即讓閱聽人注意到該媒體產品之存在。幾經行銷之後，媒體產品交到閱聽人手中。測量此市場的方法，就報紙而言，其測量準據是訂戶人數或發行量，就廣電媒體而言，則是根據收視率或收聽率。

不過，閱聽人不一定都得自掏腰包來購買媒體產品，因為收看無線電視或電臺廣播就不必付費；但是他們去閱聽看各類媒體的內容時，卻都毫無例外地必須支出各自的時間，而這個時間就是廣告商競相爭取的稀少資源。

第二個市場指的正是這個廣告市場，一般說法雖是指媒體出售篇幅或時間給廣告購買商，但更精確、更具描述力的解釋，應是說媒體把閱聽人的時間賣給了廣告客戶。至於吸引閱聽人的注意力，以使他們接觸廣告商的訊息，其花費多寡則取決於這些閱聽人之數量和特徵，尚大於廣告文案本身的大小或長度。

不過，並非所有媒體都參與廣告這個第二市場，因為有些媒體完全依賴產品內容的銷售營收，有些媒體則依賴捐贈而創建及營運，例如作為全球第一個公共服務廣電媒體的英國廣播協會（British Broadcasting Corporation, BBC），其主要財源來自於執照費，並不播放廣告。公共服務廣電媒體雖然不播放廣告，但是它們仍得關注收視（聽）率，因為閱聽人的滿意程度足以影響它們未來所得經費之增減。

參與第二市場的媒體，以不等的方式提供閱聽人時間給廣告客戶，也多少提供廣告客戶各種次級市場，例如地方性廣告、分類廣告、夾頁廣告及全國性廣告。

總的來說，各種媒體以互異的方式參與雙元產品市場。有些媒體只參與其中之一，有些則同時涉足兩者；它們在各個市場相互競爭的激烈程度也各不相同。

雙元產品市場

媒體本身就是商品的市場

- 透過行銷策略吸引閱聽人。
- 為了享用媒體的資訊，閱聽人花費金錢購買。例如：閱聽人訂閱雜誌。
- 就算媒體是免費的，閱聽人不需付出金錢來消費媒體，但是卻需要付出時間來消費媒體。

廣告市場

- 媒體出售版面及時間給廣告商。
- 閱聽人有心或無意的接觸廣告，時間與精神都消耗在閱聽廣告。
- 媒體可以是收費或免費的。
- 媒體也有不以廣告為市場的，英國的公共服務廣電媒體不播放廣告，執照費是主要的媒體收入。

流行時尚雜誌的雙元產品市場

- 透過各種行銷方式鼓勵閱聽人訂閱。例如：半賣半送或訂閱附送名貴贈品。
- 雜誌需要大量的讀者群以吸引廣告商的青睞。
- 雜誌的收費只是部分的收入來源，主要的收入是來自廣告商的出資。
- 雜誌售價略高，為雜誌定位，並鎖定中產階級的閱聽人為對象。
- 出版是為了廣告商需要有合適的平臺，傳播高檔時尚商品的訊息。
- 一般超出 60% 以上的內頁是廣告、商品的介紹或公關活動的報導。
- 閱聽人與雜誌的訊息內容有共識，認同雜誌所渲染的消費生活方式。
- 閱聽人願意花錢買訊息，也對時尚商品的訊息求知若渴。

UNIT 5-13
收視率新聞學（Ratings-driven Journalism）

提出人：林照真，資深新聞工作者，臺灣世新大學傳播研究所博士，現任國立臺灣大學新聞研究所教授。

背　景：「收視率新聞學」之概念出自林照真 2007 年的博士論文《收視率新聞學：臺灣電視新聞商品化》，該論文於 2009 年出版成書。

意　義：林照真對收視率產業的起源、收視率與電視、廣告等產業的關係，乃至收視率對電視新聞的影響做了歷史考古與現實經驗的檢視，對收視率提出兩個不同於既往的觀點：其一是從政治經濟學角度反駁、批判常被視為科學的收視率研究；其二是以「每分鐘收視率」作為研究指標，了解收視率如何影響新聞內容的製作。

「收視率新聞學」指謂的正是「新聞受收視率支配的狀態」，其強調收視率與廣告機制結合，已使得收視率成為電視新聞製作的主要驅力，電視新聞參考收視率來報導新聞，其目的其實是為了換得廣告預算。

「收視率新聞學」包含下列三個主要命題：

1. 它以追求收視率極大化作為新聞產製的目標。電視臺以爭取觀眾注意為首要追求目標，新聞的生產乃其次，且是為了生產最多具有經濟價值的觀眾，再把觀眾賣給廣告主，獲取可觀的廣告收入。

2. 它以收視率作為新聞產製的唯一依據。電視新聞製作不再以關係到國家、社會，或是財經等重大程度為決定因素，或是將這些成分降至最低，而將代表觀眾人數的收視率作為最主要的參考指標。

3. 收視率數據與電視觀眾等同，也與新聞好壞的判準等同。新聞部分已經依照收視率所定義的觀眾來反映新聞內容，導致內容越來越煽色腥化、個人化、非政治化、去政治化，以及戲劇化，只要足以吸引觀眾、保有觀眾不轉臺，都能成為電視新聞的一部分。

要破解收視率神話，必須重新批判此一數字如何生產、詮釋和應用，並將收視率的意義與運用限制在一定範圍內。據此，林照真對「收視率新聞學」提出了五項「診斷」：

1. 重新考慮「個人收視記錄器」（people meter）的使用，並讓業者重新思考收視率數字所代表的意涵。

2. 擺脫以「廣告考量」界定收視，廣告匯率的計算與收視完全鬆綁，方可使電視新聞工作者獲得救贖。

3. 增加電視產業成本與人力，政府主管機關應加強新聞臺結構的管理，並要求設置合理的人力，作為定期核發執照時的參考指標，以重新建立「新聞臺」的設立要件。

4. 重新建構電視「收視質」（quality assessment）的觀眾調查，並且廣告、媒體代理商、電視等產業共同研擬新的媒體購買機制，將收視率與收視質做最適當的運用。

5. 重振電視新聞專業，在製作內容時，應發揮新聞工作者應有的專業。

收視率

支配電視新聞製作

電視新聞臺需要與其他電視新聞臺競爭，為了收視率，電視新聞臺需要獨家新聞或更具爆點的新聞來吸引閱聽人。

吸引廣告商出資

體育新聞的收視率是運動商品廣告商考慮出資的衡量標準。

第五章 傳播媒體分析

083

觀眾收視率比新聞製作重要

新聞製作只為了吸引觀眾

觀眾收視率可以帶來廣告收入

收視率決定新聞價值

政治、經濟、社會等重大事件如果沒有收視率就沒有新聞價值。

提高收視率

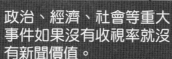

新聞內容以觀眾喜好為依據：
- 去政治化。
- 煽情或具戲劇性。
- 娛樂性。

第 6 章

閱聽人

● 章節體系架構

UNIT **6-1**
認知失調理論（Theory of Cognitive Dissonance）

提出人：費斯汀格（Leon Festinger, 1919-1989），美國社會心理學家，歷任密西根大學、明尼蘇達大學、史丹佛大學及紐約美國社會研究院新學院教授。1959 年，獲美國心理學會頒發的傑出科學貢獻獎，1972 年當選為國家科學院院士。

背　景：費斯汀格主要研究人的期望、抱負和決策，並用實驗方法研究偏見、社會影響等社會心理學問題。他是在 1957 年出版的《認知失調理論》（*A Theory of Cognitive Dissonance*）一書中提出這個被譽為他的最重要貢獻的理論。

意　義：「認知失調」是一種人類動機理論，其基本要義是指人們面對兩種彼此衝突的認知時，產生心理上的不舒適和緊張。這個理論認為，失調產生的不愉悅，激勵人們改變他的認知、態度或行為，以便消弭或減緩這種不愉悅。由於它是一套解釋個體內在動機之主要理論，故而被廣泛用以解釋個體態度改變之重要依據。

費斯汀格建構此理論之起源，是假設當某人深信某件事，並且會因為其信仰而採取不可挽回的行動；那麼假如最終他有無法否認的證據顯示該信仰之謬誤，此人非但不會消沉，反而會產生更堅定的信念。為了證成認知失調理論，他和學生隱身在一群信眾之中進行觀察——這群信眾相信，當某天大洪水爆發時，他們的守護者將開著飛船前來，解救他們於危難之中。費斯汀格的觀察結果符合其假設，當大洪水的預言沒有成真，也沒有飛船，堅定不移的信眾反而更相信該信仰，藉此彌補其信仰與現實之間的差異。

費斯汀格認為，有三種方式處理認知失調，而這三種方式並不相互排斥：(1) 有些人可能試圖更改一個或多個處於認知失調的信仰、意見或行為；(2) 有些人可能試圖去獲取可以加強對既有認知的新資訊或信仰，從而減緩整體失調感；(3) 有些人可能會嘗試忘記或降低那些處於失調關係的認知之重要性。

例如：抽菸有害健康是眾所周知之事，但是有些菸民會以某人是重度菸民，卻活得很長命的案例來合理化他們繼續抽菸的行為，另一些則可能選擇戒菸，而有些人雖然沒戒菸，但卻可能減少抽菸的疏密程度。

認知失調被形容為「心靈控制者最好的朋友」（the mind controller's best friend）。不過，也有意見認為，其實這與認知失調無關，而是當某些試圖控制他人的人，面對與其說法大相徑庭的證據時，如何處理這種情況，以便有利於自己。

另外，在認知失調理論的經典實驗中，費斯汀格要求學生去說出違反他們自己認知的看法，以便學生能改變他們原來的看法以達到言行一致。結果費斯汀格發現報酬較大的學生比較難改變態度，報酬較少的學生卻比較容易改變態度。

認知失調理論

當人們的認知遇上了兩個對立面時，心裡會很難受並開始緊張。為了消除內心的衝突，人們會嘗試改變自己來減低心裡的不安。

認知失調

處理認知失調
的方法

- 嘗試改變一些自己一直都認為對的概念與想法。
- 換個角度看世界會有不一樣的風景。
- 例如：不愛吃蔬菜的人為了養生，慢慢改變飲食習慣多吃蔬菜。

- 為了能讓自己心裡感覺好一些，尋求新訊息來支持現有的想法及認知。
- 例如：喝咖啡成癮的人為了降低對咖啡危害健康的焦慮，去搜索咖啡對人的好處來平衡自己的心理矛盾。

- 人們遇到衝突時，有時會選擇逃避現實。
- 例如：習慣夜睡的人明知夜睡對身體不好，卻選擇忘記衝突來忽略早睡的重要性以平衡心理。

UNIT 6-2
頑固的閱聽人（The Obstinate Audience）

提出人：鮑爾（Raymond Bauer, 1916-1977），美國哈佛大學社會心理學家。

背　景：鮑爾在 1964 年發表〈頑固的閱聽人：從社會溝通觀點看影響過程〉（The Obstinate Audience: The Influence Process from the Point of View of Social Communication）一文中，提出了閱聽人具有主動性的觀點。

意　義：鮑爾是首位提出閱聽人並不消極被動的學者，他批評以往的傳播研究過於強調單向的傳播過程，閱聽人往往被刻畫成被動且被媒體操縱的對象。他不同意此觀察，認為傳播過程乃雙向互動，閱聽人主動使用媒體，也不會是媒體所能擺布的對象。反之，閱聽人在接觸媒體時，不但有能力篩選他們所接受的資訊、不會對媒體的訊息全盤照收，甚至會積極地影響媒體。

鮑爾強調，閱聽人在尋找訊息來解決問題，或是鞏固本身的信念時，會像選購商品一樣去挑選訊息。在此過程中，閱聽人會繼續使用能滿足其需求的媒體；否則，他們就會拒絕該媒體的訊息。

「頑固的閱聽人」觀點是傳播效果研究轉型的關鍵觀點，令以往的傳播研究重點從關心「媒體能對閱聽人做什麼」轉移至「閱聽人能對媒體做什麼」。不過，鮑爾卻沒有詳細闡述如何定義閱聽人的頑固和主動性。1979 年，英國學者布藍勒（Jay Blumler）才進一步釐清，指出閱聽人的主動性的「主動性」一詞含有四層意義：(1) 功利性，若資訊對人們有用，他們便會爭取；(2) 意向，人們使用媒介實際上受以往的動機引導；(3) 選擇性，人的媒體行為反映了以往的興趣與嗜好；(4) 不輕易受影響，這即所謂「頑固」的閱聽人。

後來，比歐卡（Frank A. Biocca）再從文獻中梳理出閱聽人的頑固和主動性的五個概念：

1. 選擇性（selectivity）：閱聽人若有越多媒體和內容可選擇，就會有越多機會去主動使用媒體；倘若，閱聽人非常依賴媒體，他們就不可能主動。

2. 功利主義（utilitarianism）：閱聽人消費媒體，往往是為了滿足本身的需求，使用媒體時通常都是帶有目的。

3. 意圖性（intentionality）：主動的閱聽人面對資訊時，通常都會有積極主動的認知過程，其中訂閱刊物或媒體服務，也可算是一種積極主動的表現。

4. 抗拒影響（resistance to influence）：閱聽人會對不想要的影響及學習自我設限。除非是閱聽人偏好的資訊，否則他們會確保自己不受資訊影響，並且一切都要在自己的控制當中。

5. 參與性（involvement）：會對媒體訊息持續投入和著迷的閱聽人，通常都可算是有參與性。另外，閱聽人對媒體的參與性，也能體現在回應媒體的訊息或閱聽人之間的交流和討論。

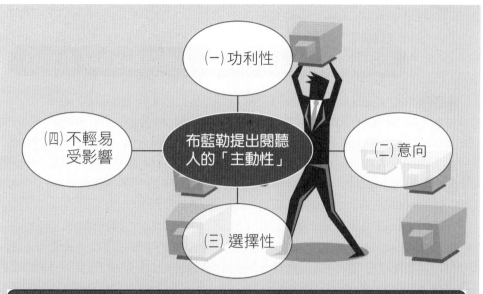

比歐卡（Frank A. Biocca）提出閱聽人的頑固和主動性的概念

(一)選擇性 （selectivity）	・媒體的選擇越多 ➜ 內容更多樣化 ➜ 閱聽人主動性越強。 ・閱聽人因為有選擇權，所以他們可以主動地使用媒體。 ・例如：因為有行動電話上網的便利及選項，閱聽人可以 　更方便的吸收訊息。

・閱聽人有使用媒體的目的。　　　　　　(二)功利主義
・閱聽人需要媒體提供訊息以滿足本身的需要。　（utilitarianism）
・例如：閱聽人需要購物，但不想出門。閱聽人主動使用
　網路，以得到相關商品的訊息。

(三)意圖性 （intentionality）	・訊息爆炸的時代，閱聽人接收訊息是有選擇性的。 ・閱聽人會選擇他們感興趣或好奇的訊息。 ・例如：閱聽人訂閱釣魚雜誌是因為對釣魚有興趣。

・閱聽人會主動拒絕有不良內容的媒體訊息。　(四)抗拒影響
・例如：暴力鏡頭出現在電視時，閱聽人會主　（resistance to influence）
　動關電視。

(五)參與性 （involvement）	・當閱聽人沉迷媒體的某些訊息時，他們不會被動地吸 　收。 ・如果閱聽人對相關的課題感興趣並很投入，他們會積極 　參與媒體的討論課題。 ・例如：閱聽人對籃球賽事的訊息感興趣，他們也會在網 　路媒體對相關的賽事表達感想或參與評論賽事。

UNIT 6-3
使用與滿足（Uses and Gratification）

提出人：凱茲（Elihu Katz, 1926-）、布魯墨（Jay Blumler, 1924-）、古爾維奇（Michael Gurevitch, 1931-2008），三位都是美國的傳播學者。

背　景：三位學者是在 1974 年發表的一篇文章〈個人對大眾傳播的利用〉（Utilization of Mass Communication by the Individual）裡，提出了閱聽人如何使用媒體並從中得到滿足的觀點。此研究受到鮑爾（Raymond Bauer）「頑固的閱聽人」的研究影響，並據此發展出閱聽人如何使用媒體的研究途徑。

意　義：「使用與滿足」理論強調傳播過程中的接收過程，認為閱聽人對於大眾傳播媒體或其他資訊來源的使用，是為了滿足個人的需求。

使用與滿足理論還沒提出之前，傳播學界對傳播的研究只局限於大眾媒體對閱聽人的的說服效果，研究問題都主要關心媒體對閱聽人做了什麼。凱茲不認同過去的傳播研究把閱聽人列為被動的，她認為閱聽人是主動去使用媒體的，傳播研究應該要探究閱聽人如何使用媒體。

凱茲等人認為，使用與滿足理論的研究必須符合五項基本假設：

1. 閱聽人不會被動地接觸媒體，反之會主動積極地詮釋媒體、影響媒體。
2. 閱聽人有責任自行選擇媒體，以滿足各自的需要。
3. 媒體和其他消息來源互相競爭，以爭取閱聽人對訊息的滿足感。
4. 若要探究閱聽人使用媒體的目的，就得從閱聽人個別提供的資料中探索。
5. 研究不得對傳播的文化意義下任何價值判斷，一切只能由閱聽人親身講解。

凱茲等人的假設認為人是理性的，他們抱著各自的目的，主動使用媒體，也清楚知道本身的需求及如何讓需求得到滿足。反之，大眾媒體在滿足閱聽人的需求時，處於被動，並且需要不斷地與其他資訊來源競爭。有鑑於此，凱茲等人認為，使用與滿足理論的研究無需對大眾媒體的傳播文化意義做判斷，因為閱聽人的需求只有他們本身才知道。

使用與滿足理論探討心理和社會需求的滿足，因為有需求而產生對資訊的期望，各種資訊的出現以滿足需求或其他結果。以理論模式來說，使用與滿足理論深受功能論的影響。繼凱茲、布魯墨和古爾維奇之後，相當多傳播學者陸續以使用與滿足理論作為研究傳播的方向。

另一方面，使用與滿足理論也受到許多批評，其中它詮釋閱聽人對媒體的需求過於主觀，由於沒有明確定義，因此很難判斷閱聽人對媒體的需求如何。而且，該研究只根據閱聽人本身的講解，也顯得過於個人取向。畢竟，閱聽人對媒體的需求，很多時候是龐大的媒體系統所創造出來。

使用與滿足理論

(一)媒體的組織行政、
內容編寫都受到閱
聽人的積極影響。

- 閱聽人猶如媒體的老闆,沒有閱
  聽人,媒體就不可能繼續經營。
- 例如:電視臺沒有閱聽人就沒有
  收視率,這會影響廣告的收入。

(二)閱聽人是理性的,也清楚明白本
身使用媒體的目的。閱聽人為了
滿足本身的需要,他們有方向
及目標地選擇他們需要的媒體。

- 閱聽人不會受到媒體的影響,因為他們清楚自己要的資訊是
  什麼,也瞭解哪一些媒體可以提供他們要的訊息。
- 例如:閱聽人下班需要娛樂時,會選擇看電影來放鬆自己。

(三)媒體必須與
其他消息來
源競爭,才
有機會滿足
閱聽人的訊
息需求。

- 媒體的選擇多,媒體必須從眾多的通道中脫穎而出才能
  夠讓閱聽人感興趣,才有機會讓閱聽人願意接觸該媒體。
- 例如:颱風天時,閱聽人需要颱風的預報訊息,然而每
  家電視都播颱風預報,那麼閱聽人要如何選擇媒體呢?
  電視臺會為了競爭,不惜邀請有權威的氣象專家來分析,
  那麼閱聽人就會選擇準確性較高的媒體。

091

(四)大眾媒體的傳播文化意義只有閱
聽人才能判斷,媒體處於被動。

- 媒體的表現,只有閱聽人才有資格評分。
- 媒體的存在與否,是由閱聽人來決定。
- 例如:閱聽人對網際網路的使用,已經不
  能與他們的日常生活分割了。

- 如果媒體要瞭解閱聽人使用媒體的動機,那麼就得
  從閱聽人的資料中追尋。
- 例如:電視臺要策劃一個受閱聽人歡迎的新節目,
  就必須參考閱聽人的意見。

(五)只有閱聽人本身才
知道他們需要什麼
訊息,媒體無法私
下判斷。

閱聽人:過於主觀的。

閱聽人對媒體的需求:
媒體所創造。

使用與滿足理論
的批評

閱聽人對媒體的需求:
沒有判斷標準。

研究顯得過於閱聽人的個人取向。

UNIT 6-4
社會滲透理論（Social Penetration Theory）

提出人：奧特曼（Irwin Altman, 1930- ）、泰勒（Dalmas Taylor, 1933-1998），皆為美國社會心理學家；前者為猶他大學心理學教授，後者曾任馬里蘭大學心理學教授。

背　景：奧特曼和泰勒是在 1973 年出版的《社會滲透：人際關係的發展》（Social Penetration: The Development of Interpersonal Relationships）一書中提出「社會滲透理論」。

意　義：「社會滲透理論」說明人際關係的發展與人們的自我揭露有直接關係，兩個人的交流越是坦誠，自我揭露就越多，也會增加雙方的親密關係。他們假設，人際關係的發展乃根據循序漸進的四個階段：

(一) 摸索期（orientation stage）

彼此的關係由不親密發展至親密，初期由於人們需要熟悉環境，因此彼此分享的內容不多。隨著時間的增長，交流的訊息也就越深入。然而，人際關係通常還是會保持一定的距離。

(二) 試探期（exploratory affective stage）

關係的發展是有跡可循及可預期的。人們會探索不斷改變的關係發展，雖然發展處於動態，但是發展的方式是有系統的，因此發展的關係通常是可預期的。

(三) 情緒期（affective stage）

關係的發展包含了反向滲透及無解，雖然訊息的交流和自我揭露增多，但不能保證關係一定朝正面發展，也有可能出現反向滲透的狀況。

(四) 穩定期（stable stage）

關係發展的核心是自我暴露，而自我揭露可以是經過精心策劃，也可以是無意識的透露。無論如何，要有正面的關係發展，就要有自我揭露。

奧特曼與泰勒是大學的心理學教授，他們好奇人們是在交往到什麼程度下才會成為最好的朋友，於是他們想到用洋蔥來比喻人的多層面天性；這個洋蔥分為四層：表層（閒聊對服飾、音樂之喜惡等）、中層（談論政治見解、社會態度等）、內層（分享彼此的價值觀、恐懼、希望等）、核心層（談論最基本之自我）。

洋蔥的比喻說明人際關係的發展好像洋蔥的外皮一樣，一層一層地剝開，從雙方沒有主題的交流開始，一旦彼此覺得可以透露更多訊息時，關係可以說發展到了穩定的階段。最後，在探索感情交換的階段時，溝通的內容就兼具深度（depth）與廣度（breadth）了。

社會滲透理論對認識人際傳播的關係發展有極大貢獻，而且提供了傳播學研究一個新的論點。另一方面，有學者質疑關係發展的線性及過於強調自我揭露的過程，忽略了其他影響關係發展的考慮因素。

人際關係發展的四個階段

穩定期
（stable stage）
• 自我揭露使
  關係更好。

情緒期（affective stage）
• 關係包含了反向滲透及無解。
• 自我揭露增多。
• 不保證關係一定朝正面發展。

試探期（exploratory affective stage）
• 關係有發展空間及可預期的。

摸索期（orientation stage）
• 不親密發展至親密。
• 初期需要多瞭解。
• 分享的內容不多。

人的多層面天性就好像洋蔥的外皮一樣，人際關係
的發展就好像剝開洋蔥一樣從表面的閒聊到核
心的自我認識，都需要時間一步一步來。

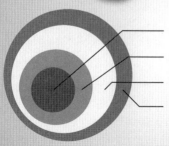

— 核心層（談論最基本之自我）

— 內層（分享彼此的價值觀、恐懼、希望等）

— 中層（談論政治見解、社會態度等）

— 表層（閒聊對服飾、音樂之喜惡等）

第 **7** 章

傳播效果

● 章節體系架構

UNIT 7-1
媒體萬能論（All-powerful Media Model）

提出人：拉斯威爾（Harold Dwight Lasswell, 1902-1978）是代表性人物，另有其他學者如宣偉伯（Wilbur Schramm, 1907-1987）、狄弗（Melvin L. DeFleur, 1923-）及伯樂（David K. Berlo, 1929-）等。

背　景：「媒體萬能論」是盛行於第二次世界大戰前後的一種傳播效果模式，也是傳播效果研究之濫觴。

意　義：「媒體萬能論」盛行時，西方社會正處於工業化、都市化和現代化趨勢，人口集中、物資生產大增，大眾媒體蓬勃發展——在 1910-1920 年第一次世界大戰期間，報紙的使用達到巔峰，美國人的平均每戶閱報率達 1.3 份日報；在 1920 年代實驗生產的家用收音機也迅速增長到 1,000 萬臺以上。

前述社會轉型衍生出諸多社會問題，加之以第二次世界大戰期間，參戰國大量利用大眾媒體宣傳造成的影響，引起社會學、心理學、哲學等各方學者對媒體研究的興趣。由於當時盛行的對人的行為的基本假設是「簡單－刺激－反應」模式，而對社會的假設則是「大眾社會」（mass society）理論，在此背景下展開的媒體效果研究，自然依附於這兩種假設之上。

「簡單－刺激－反應」模式是一個相當化約的模式，認定大眾媒體具有無比的說服力，而身為媒體訊息接收者的大眾則毫無抵抗力；因此，訊息經由媒體傳遞給大眾，大眾便全盤照收，一如接觸刺激便產生反應那樣。換言之，這是主張人類本能中均有刺激反應的非理性過程。

至於「大眾社會」理論，並不是指謂某單一理論，而是學者觀察工業化現代社會的一些交錯主題，包括傳統有機社會的消逝、大眾文化興起及現代人的疏離等等。傳統社會因工業化和都市化而解體，在新型工業社會裡，人們不再因地緣、血親、職業或傳統文化觀念而維繫在一起，並且變得無根、漂泊和疏離，社會共識減少、人際傳播功效降低，以致對生活指導規範的困惑增加，處於心理混亂狀態的大眾極易成為媒體宣傳的犧牲品。顯然，大眾社會理論的觀點，肯定了媒體萬能論的思路。

拉斯威爾的宣傳技巧、魔彈論、皮下注射論等，都是此階段的研究成果，其中又以拉斯威爾 1927 年出版的《世界大戰中的宣傳技巧》（*Propaganda Technique in World War*）最具代表性，它不僅為宣傳研究開啟先河，迄今仍是重要的經典之作。

媒體萬能論觀點備受詬病之處，是它過於簡化媒體和閱聽人行為的因果關係，畢竟後來的研究逐漸發現，相同的媒體訊息在不同閱聽人身上可能產生不同的效果，而且除了媒體訊息本身，還有其他中介因素足以影響效果之產生，包括閱聽人的個人特質和其所處之社會情境等。

媒體萬能論

「簡單－刺激－反應」模式
• 對人的行為的基本假設。

「大眾社會」理論
• 對社會的基本假設。

「簡單－刺激－反應」模式

• 人類都有著非理性的本能。
• 面對強大的大眾媒體，閱聽人顯得渺小。
• 閱聽人無力反抗大眾媒體的強勢傳播訊息。
• 閱聽人受到訊息的攻勢，受到刺激便產生反應。
• 閱聽人全盤吸收媒體的訊息。

「大眾社會」理論

• 工業化和都市化導致傳統社會消逝。
• 傳統社會的人們因地緣、血親、職業或傳統文化觀念而維繫在一起，現代社會的人們都很少有聯繫。
• 在新型工業社會裡，因為工作性質的改變使得人們變得疏離、無根、和漂泊。
• 人們依賴大眾傳播媒體，人際傳播功效降低，社會共識減少。
• 由於人們對生活指導規範的困惑增加，處於心理混論狀態，所以極易成為媒體宣傳的犧牲品。
• 因此，媒體萬能論的思路盛行。

媒體萬能論觀點的困境
• 過於簡化媒體和閱聽人行為的因果關係。
• 畢竟後來的研究逐漸發現，相同的媒體訊息在不同閱聽人身上可能產生不同的效果。
• 除了媒體訊息本身，還有其他中介因素足以影響效果之產生，包括閱聽人的個人特質和其所處之社會情境等。

UNIT 7-2
魔彈論（Magic Bullet Theory）

提出人：卡茨（James E. Katz）、宣偉伯（Wilbur Schramm）及洛厄（S. A. Lowery）等美國傳播學者。

背 景：魔彈論是傳播學者認定傳播媒體的影響力幾近萬能所提出的傳播效果模式。個別傳播學者採用不同的名稱，例如卡茨稱之為皮下注射論（hypodermic needle model），宣偉伯和羅伯茨（Donald F. Roberts）稱之為子彈論（bullet theory），而魔彈論是洛厄和狄弗（Melvin L. DeFleur）所用的名稱。

意 義：「魔彈論」乃意指，傳播者就如手握獵槍或散彈槍的獵人，而媒體閱聽人則是一群坐著挨打的笨鴨；它們雖然聽到槍聲，卻不會因此飛散而去，反而等著被子彈擊中，應聲而倒。「皮下注射論」則是以醫生為病患打針能產生即時治療效果的情況，比喻傳播媒體對閱聽人能產生立竿見影之效力。

無論是魔彈論或皮下注射論，都是在比喻說，作為媒體閱聽人的社會大眾，其特質是被動無助地接受吸收傳播媒體的訊息，進而為這些訊息所影響，由此可見傳播媒體的巨大影響力。閱聽人的對立面是傳播者，可憑其意志來影響和控制民意，甚至改變他們的行為。

不過，這類觀點並非以科學調查為根據，而是對大鳴大放的傳播媒體展開多層面觀察，進而得出的結論。其缺點在於過度強調傳播者的主觀意志和閱聽人的消極被動，以致忽略了外部因素對閱聽人的影響，以及閱聽人的主觀能動性。

這類把傳播媒體視為萬能的效果理論，產生於 19 世紀和 20 世紀交替之際乃至 1930 年代晚期第一階段的媒體效果研究，其崛起和流行，一方面與 19 世紀末葉個人主義抬頭，使得群體疏離感與日俱增的社會現實有關，另一方面則與戰後的時代背景息息相關。

許多國家的政府歷經兩次世界大戰，意欲利用傳播媒體的說服效力來動員疏離而孤獨的人民，使他們投入戰事，並且維繫國內人民的團結和同仇敵愾之情。由於當時印刷媒體主要是屬於社會經濟地位和教育程度較高的中產階級所使用的媒體，而普羅大眾有收聽廣播節目的習慣，因而收音機成為他們常用的消息來源。

基於這種時空條件，傳播媒體普遍被視為最有效的宣傳利器。以第二次世界大戰為例，納粹希特勒對媒體的操控可謂天衣無縫，而為美國政府研究媒體宣傳效果的學者們對納粹操控媒體的現象印象深刻且耿耿於懷，以致誇大了媒體所能產生之效果。

魔彈論的發展

1930 年代晚期，媒體研究學者對世界大戰的宣傳感到興趣，當時媒體研究工作一般都以媒體的強大影響力作主題。

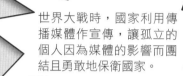

世界大戰時，國家利用傳播媒體作宣傳，讓孤立的個人因為媒體的影響而團結且勇敢地保衛國家。

魔彈論的主要觀點

- 社會上的個人很難抗拒媒體的訊息，閱聽人總是被動的接收訊息。
- 閱聽人不會對媒體的訊息產生質疑。

魔彈論

傳播者	閱聽人
 • 手握獵槍或散彈槍的獵人。	• 一群坐著挨打的笨鴨；它們雖然聽到槍聲，卻不會因此飛散而去，反而等著被子彈擊中，應聲而倒。

皮下注射論

傳播者		閱聽人
• 為病患打針的醫生。		• 藥到病除的病患；醫生的即時治療有立竿見影的效果。

魔彈論的主要批評

- 後期的大眾傳播媒體研究日漸複雜，媒體研究學者發現閱聽人不再是被動的接收媒體的訊息。
- 閱聽人對媒體的宣傳感到反感及抗拒。
- 除了媒體，閱聽人的觀點還會受到其他外部因素的影響。
- 閱聽人可以是主動接收訊息的，他們也擁有主觀的想法。

UNIT **7-3**
有限效果論（Limited Effects Model）

提出人：克萊伯（Joseph Klapper, 1917-1984），美國哥倫比亞大學社會學教授。

背　景：「有限效果論」是克萊伯綜合 1940 年至 1960 年間 1,000 個以上的傳播研究後所得之結論。此理論之提出，標誌著「媒體萬能論」的「刺激－反應」模式已被揚棄，進入了「刺激－閱聽人－反應」之模式。另有一些關於媒體效果有限的理論被稱為「選擇性影響理論」（theories of selective influence）。

意　義：「有限效果論」指出，大眾傳播通常並不能成為閱聽人效果的必要或充分原因，它必須通過許多其他的中介因素與影響力之關係，方可發揮其作用。而且，大眾媒體的說服嘗試可能傾向於鞏固閱聽人既有的態度；若有發生態度上的改變，也僅是次要的改變，關鍵性的轉換則屬罕見。所謂的中介因素包括：

1. 鞏固效果：可能是由於一些交互變數所造成。首先是閱聽人的傾向，從而導致選擇性接觸、選擇性理解和選擇性保留；此即人們注意和記起支持他們的既定觀點之資訊，同時逃避或歪曲相反的材料。

2. 團體規範：個人總是受到他們所屬的團體所影響，因此面向大眾的說服將通過團體互動作為中介。

3. 傳布過程本身：克萊伯指出了，大眾媒體傳布過程中的人際交往性質。意見領袖也影響了大眾媒體的影響。一個自由社會，媒體的本質是個干預因素。由於媒體是個意在賺取利潤的商業實體，他們對閱聽人的需求保持敏感，他們試圖利用既存的態度和意見作為訴求。

有限效果論並不否認有可能發生態度的轉變，尤其是當團體規範和其他內部閱聽人因素已經產生矛盾的時候。可預測的先決條件伴隨著對於先決條件之態度改變，使得閱聽人的中介因素發揮作用或中介因素本身創造導致變化的壓力。這種直接效果，在那些對相關課題沒有意見的中立者當中尤其明顯。

媒體直接的說服效果在以下情況下可能發生：選擇性過程緩和、團體規範出現衝突或遞減、個人影響力消褪，以及極具說服力的人格特質減弱。大眾效果受到各種因素之影響，包括媒體、訊息及情境因素，這是中介因素所造成的結果，例如發訊人之公信力、媒體公信力、訊息之組織、面面俱陳或一面之詞等。

有限效果論的提出，意味著吾人不應從媒體的訊息直接推論出傳播效果，反之應從閱聽人的差異才印證傳播效果。此時期的代表性研究有：

1. 傳播學奠基人之一賀夫蘭（Carl Iver Hovland, 1912-1961）的說服力研究，指出傳播影片能在短時間內讓許多人獲得事實訊息，但在態度及動機改變上，並無顯著效果；

2. 拉扎斯菲爾德（Paul F. Lazarsfeld, 1901-1976）的二級傳播研究，指出意見領袖作為中介作用的重要性。

大眾傳播影響閱聽人的中介因素

鞏固效果

- 閱聽人的傾向。

選擇性接觸
選擇性理解
選擇性保留

- 注意支持既定觀點
  之資訊。
- 逃避相反既
  定觀點之
  資訊。

傳布過程

- 意見領袖
  影響
大眾媒體的影響

團體規範

- 個人容易受到他們所屬的團體所
  影響。
- 團體互動作為中介。

101

大眾傳播媒體直接影響閱聽人的因素

- 選擇性過程緩和。
- 團體規範出現衝突。
- 個人影響力消退。

有限效果論的代表性研究

(一)賀夫蘭（Carl Iver Hovland, 1912-1961）的說服力研究
- 指出傳播影片能在短時間內讓許多人獲得事實訊息，但在態度
  及動機改變上，並無顯著效果。

(二)拉扎斯菲爾德（Paul F. Lazarsfeld, 1901-1976）的二級傳播研究
- 指出意見領袖作為中介作用的重要性。

UNIT 7-4
中度效果論（Moderate Effects Model）

提出人：諾爾紐曼（Elisabeth Noelle-Neumann, 1916-2010），德國政治科學學者；賽弗林（Werner Severin, 1930-2014）、坦卡德（J. W. Tankard, Jr., 1941-2005），美國傳播學者。

背　景：諾爾紐曼在 1973 年的文章〈重返強有力大眾媒體論〉（Return to the Concept of Powerful Mass Media）裡，首先指出 1970 年代是傳播學者跨越有限效果論，再度肯定傳播影響力的時期。賽弗林和坦卡德則在 1988 年出版的《傳播理論：起源、方法與應用》（*Communication Theories: Origins, Methods, and Uses in the Mass Media*）裡，將此時期稱為「中度效果論」。

意　義：「中度效果論」盛行於 1960 年代至 1970 年代，當時許多從事廣告、宣傳或競選研究的人員仍然認為大眾媒體有極為可觀的潛力，因此學者們開始重新檢討媒體的影響力，認為大眾傳播對閱聽人的影響雖然不如「魔彈論」所宣稱的那樣具有立竿見影的效果，但也不像有限效果論說的那般不堪。

　　他們認為，有限效果論把傳播效果研究導入找不到效果的死胡同裡，不能真正了解大眾傳播的威力，尤其是 1950 年代以降盛行的電視更是展現了其非常魅力，對社會生活產生了前所未有的影響力。主張「重返強有力大眾媒體」的諾爾紐曼指出：有限效果論並不能真正證明傳播的力量有限，恐怕是由於傳播研究者所使用的理論與方法過於

有限，才導致我們對傳播的力量認識不清。

　　反之，他們認為大眾傳播仍具有一定影響力，只是這種影響力應該從閱聽人的角度衡量，並且從長期效果加以檢視。有鑑於此，從 1960 年代末開始，傳播效果研究又出現了一批具有代表性的研究和新的理論模式，包括使用與滿足理論、創新與擴散理論、議程設置理論、涵化理論、知溝假說、電視暴力內容效果研究、編碼／解碼、沉默螺旋等。

　　這些新理論或假說的主題、內容各不相同，但有幾個共同的特點：(1) 它們的研究焦點大都集中於探索大眾傳播綜合的、長期的和宏觀的社會效果；(2) 它們都不同程度地強調媒體的影響力；(3) 它們都與社會資訊化的現實密切結合在一起。以諾爾紐曼的沉默螺旋理論為例，它指出在某些情況下，大眾傳播的效果宏大，而且所謂的「效果」，不僅可大可小，還可細分為不同種類。

　　早期的刺激－反應模式開啟了行為主義研究之先河，但其基本概念帶有濃厚的媒體萬能論色彩，忽略了對人的理解。有限效果模式開始對閱聽人做各種實驗和社會調查，卻將傳播的能力化約成對閱聽人行為層面的研究，忽略了研究媒體和其他潛移默化的影響力。中度效果模式拓展了認知層面和媒體運作層面的研究，並且嘗試從宏觀的社會結構角度反省傳播的效果與功能。

中度效果論

- 1950 年代，電視對社會產生巨大的影響。
- 諾爾紐曼主張「重返強有力大眾媒體」。
- 大眾傳播對閱聽人有長期效果的影響。

1960 年代末，傳播效果研究的共同特點

- 它們的研究焦點大都集中於探索大眾傳播綜合的、長期的和宏觀的社會效果。
- 它們都不同程度地強調媒體的影響力。
- 它們都與社會資訊化的現實密切結合在一起。

媒體萬能論

- 刺激－反應模式開啟了行為主義研究之先河。
- 忽略了對人的理解。

中度效果模式

- 拓展了認知層面和媒體運作層面的研究。
- 並且嘗試從宏觀的社會結構角度反省傳播的效果與功能。

有限效果模式

- 將傳播的能力化約成對閱聽人行為層面的研究。
- 忽略了研究媒體和其他潛移默化的影響力。

UNIT 7-5
效果階層（Hierarchy of Effects）

提出人：雷伊（Michael L. Ray），美國史丹福大學社會心理學學者。

背 景：雷伊是在 1973 年發表的一篇期刊論文〈行銷傳播與效果階層〉（Marketing Communications and the Hierarchy of Effects）裡提出「效果的階層」此一概念。

意 義：「效果階層」討論的是傳播媒體對個人所能產生的效果。雷伊等史丹福大學的心理學學者使用實驗室、問卷調查、電腦模擬等方法，試圖發現傳播效果是在哪一種情況下發生；並且透過介入感、傳播來源，以及選擇性的區別是否顯著這三個因素來說明媒體會產生哪一種「效果階層」，意即媒體如何影響閱聽人之認知、態度和行為，使他們依據不同的「效果階層」而改變。

(一) 學習階層（learning hierarchy）

這是研究態度的傳統典範，主張人是理性的，總是先改變認知結構（取得新資訊），然後影響到對事物的判斷，產生態度，最後才決定如何改變行為及採取適當行動。學習階層在教育封閉的環境裡（例如學校、軍隊）表現得最顯著，卻鮮見於一般傳播過程，除非發生重大特殊事故。在此階層，人們必須有高介入感，有濃厚興趣，而且選擇性分明，再利用傳播媒體，輔以人際網絡為之。

(二) 認知不和諧理論（dissonance attribution hierarchy）

在此階層，人們會先改變行為，次則改變態度，最後才改變認知；這種情形發生在人們對主題或事物雖有高介入感，但選擇性卻不多，或根本不能選擇的情況下。此時，人們主要是憑著人際網絡作為消息來源，對刺激作出反應。大眾傳播的作用不是在「決定前」提供認知以利參考，而只能在「決定後」提供認知，以減少閱聽人對決定的矛盾或不確定性，避免認知不和諧。

(三) 低介入感階層（low-involvement hierarchy）

低介入感階層先是改變認知結構，次為改變行為，最後為改變態度。此階層最常出現，因為人們對主題、訊息的介入感低，而選擇既不分明也不重要，媒體尤其是電視廣告便能發揮其潛在效力。例如，商品廣告疲勞轟炸，使得人們逐漸改變認知結構，逛街時看到熟悉的廣告商品，便去購買；接著使用該產品後，便會形成對該商品的態度，再決定是否繼續使用。

效果階層

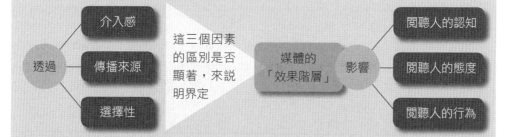

- 探究傳播媒體對個人所能產生的效果。
- 雷伊等史丹福大學的心理學學者使用實驗室、問卷調查、電腦模擬等方法，試圖發現傳播效果是在哪一種情況下發生。

媒體如何使閱聽人依據不同的「效果階層」而改變

透過 → 介入感／傳播來源／選擇性

這三個因素的區別是否顯著，來說明界定

媒體的「效果階層」 影響 → 閱聽人的認知／閱聽人的態度／閱聽人的行為

效果階層

	學習階層	認知不和諧階層	低介入感階層
影響過程	認知→態度→行為	行為→態度→認知	認知→行為→態度
介入感	高	高	低
各種選擇之間的區別	高	低	低或不重要
傳播來源	傳播媒體為主，人際網絡為次。	人際網絡為主。	廣播電視為主（但不以此為限）。
舉例	創新傳布：全國性大選、貴重物品（電視、洗衣機）。		電視廣告：地方性選舉、廉價物品（肥皂、牙膏）。

UNIT 7-6
宣傳（Propaganda）

提出人：拉斯威爾（Harold Dwight Lasswell, 1902-1978），美國政治科學者、傳播學者，曾任耶魯大學教授，被譽為傳播學四大奠基人之一，是1950年代至1970年代美國社會科學的泰斗。

背　景：拉斯威爾在1927年出版的博士論文《世界大戰中的宣傳技巧》（*Propaganda Technique in World War*），不僅為宣傳研究開啟先河，迄今仍是重要的經典之作。

意　義：「宣傳」的英文字眼 Propaganda，源自1622年天主教所創的名詞，且與判處提出「地球繞日」說法的伽利略事件有關，加之以在二次世界大戰期間，納粹希特勒和他的宣傳部長戈培爾（Paul Joseph Goebbels）以恐怖和暴力為後盾的宣傳惡名昭彰，「宣傳」一詞在西方社會含有貶義，甚至被視為一個惡毒字眼。

拉斯威爾在前述著作裡為「宣傳」所下之定義為「使用重要的符號來控制意見，易言之，就是使用故事、謠言、報導、圖片和其他形式的社會傳播來控制意見」。七年後，他將此定義修訂為「廣義地說，宣傳就是透過對象徵符號的操控，以達影響人類行動之目的；這些象徵的符號，可以言語的、書寫的、圖畫的或音樂的形式出現」。換言之，廣告和任何形式的說服及宣導（publicity），都算是「宣傳」。

近代關於宣傳的研究始於第一次世界大戰，美國投入相當多的資源於此，因此宣傳曾經是傳播研究的重要起點，拉斯威爾的著作就是一例。由於是研究戰時的宣傳技巧，他提出的宣傳的四個目的都與戰時宣傳相關，即：(1)動員對敵人的仇恨；(2)維持盟友的友誼；(3)維持中立者的友誼，且儘可能爭取合作；(4)摧毀敵人的士氣。此觀點符合戰時各國政府意欲借助宣傳動員民眾和瓦解敵方的動機。

在傳播研究中，有兩個早期著名的宣傳實例，一是潘安基金會（Payne Fund）的一系列研究專案，其最大成就是早在1930年代就以社會學角度多面向探討傳播效果，包括評估電影對觀眾態度改變的影響，研究重點強調傳播效果取決於個人和情境等諸多因素的中介結果，即傳播效果是由觀賞者的性格、過去經驗、觀賞時的經驗，以及觀賞時的情境等因素決定。

另一個案例是膾炙人口的廣播劇「火星人入侵記」在1938年萬聖節前夕播放，結果造成數百萬聽眾恐慌逃亡。一齣廣播劇竟引起如此恐慌，究其因，一方面是萬聖節的氣氛，另一方面則因當時處於第二次世界大戰一觸即發的動盪局勢之中，人們心中焦慮不安。

宣傳研究在第一次世界大戰以後受到美國重視，與納粹在德國崛起息息相關。不過，美國和德國的宣傳效果不可相提並論，畢竟納粹德國的大眾媒體受到嚴密控制，而且宣傳的背後隱含著恐怖和暴力；反觀美國則是多元價值並存，且民主自由的國家，不可能達到像納粹德國那樣的宣傳效果。

宣傳

- 「宣傳」一詞在西方社會是負面的字眼。
- 英文字眼 Propaganda，源自 1622 年天主教所創的名詞。

在二次世界大戰期間，納粹希特勒和他的宣傳部長戈培爾（Paul Joseph Goebbels）以恐怖和暴力為後盾的宣傳惡名昭彰。

拉斯威爾的「宣傳」

- 使用重要的符號來控制意見。
- 使用故事、謠言、報導、圖片和其他形式的社會傳播來控制意見。
- 廣義的宣傳就是透過對象徵符號，如言語的、書寫的、圖畫的或音樂的操控來影響人類的行動。
- 廣告、說服及宣導，都算是「宣傳」。

1938 年廣播劇「火星人入侵記」

奧森威爾斯（Orson Welles）改編自小說的廣播劇在萬聖節前夕播出時，引起聽眾的巨大恐慌。大家信以為真，許多聽眾逃到街上。接著相關的假新聞報導，令美國社會引起騷動。

宣傳的七大手法

1. 咒罵法（name calling）：給人或事冠上惡名，讓閱聽人對該人或事件感到厭惡。

2. 粉飾法（glittering generality）：美化人或事，讓閱聽人在還沒有查證之前就認同被推薦的人或事件。

3. 轉移法（transfer）：將人或事件與美好的想法作連接，讓閱聽人想像該人或事件。

4. 證言法（testimonial）：通過名人或一般的民眾的經驗分享，以取得閱聽人對該人或事件的信服。

5. 平民法（plain folks）：閱聽人會認為被宣傳對象是接近民心的，與人民同甘共苦的。

6. 堆牌法（card stacking）：有選擇性的呈現被宣傳對象，閱聽人只得到有利於宣傳者目的的部分資訊。

7. 樂隊車法（band wagon）：宣傳讓閱聽人認為被宣傳對象是一般人所認同的，如果不認同宣傳對象就落伍了。

UNIT 7-7
個人差異理論（Individual Difference Theory）

提出人：賀夫蘭（Carl Iver Hovland, 1912-1961），美國耶魯大學的實驗心理學家、傳播學奠基人之一。

背　景：第二次世界大戰期間和戰後，賀夫蘭組織了耶魯大學的一批心理學家參與「傳播與態度改變」研究計畫，做了大量的實驗研究，並被冠以「耶魯學派」。此乃個人差異理論之濫觴，後經德弗勒（Melvin L. DeFleur）修訂而成。

意　義：賀夫蘭等人的研究歸納出六個影響說服效果的因素：(1) 傳播者的可信度；(2) 表達爭議性問題時，一面之詞和兩面並陳，何者較有說服力；(3) 提出問題的先後次序，何者較有說服力；(4) 何種訴求方式較有說服力；(5) 明示或含蓄的結論，何者較佳；(6) 閱聽人的個人性格是否影響說服效果。

第六項因素指的是閱聽人的聽從性（persuasibility），例如賀夫蘭發現，美國國防部在二戰期間大量使用軍教影片提振美軍士氣，但這類宣傳並不能改變閱聽人的態度。他們提出的假設有：(1) 在日常生活中對他人公然表現敵意者，較不易說服；(2) 具有「社會退卻」傾向者，較不易說服；(3) 有豐富想像力，且對符號所表現的東西能由衷反應者，較易說服；(4) 自我評估卑微者，較易說服；(5) 有外導（other-directed）傾向者，較易說服。

聽從性的研究雖是初步的結論，卻是個人差異理論的基礎。後來狄弗提出，個人差異主要表現在五個方面：

1. 個人心理結構是千差萬別的。
2. 個人差異的形成，主要由於先天稟賦和後天學習不同之結果。
3. 人們在不同的環境中成長，所接觸到的看法、態度、價值觀和信念大相逕庭，構成他們的心理結構各有不同。
4. 人們由於後天習得的不同，導致他們在感知理解客觀事物時帶有自身的傾向性；心理差異影響他們對資訊刺激物的挑選，也制約他們對資訊刺激物意義的解釋。
5. 心理結構各不相同的社會成員，對大眾媒體內容的接受、理解、記憶、反應，也就各不相同。

由是觀之，個人差異理論是以心理學「刺激－反應」模式為基礎，從行為主義的角度闡述，閱聽人的心理或認識結構上的個人差異，影響了他們對媒體的注意力，以及對媒體所討論的議題和事物採取何種行為。

基於前述的個人差異，設計說服傳播前，得先釐清閱聽人的這些特徵，再挑選與之相應的訊息加以傳播，方可取得說服之效。反之，與閱聽人特點和需求不符合的訊息，就會遭到回避和拒絕。這即是所謂的「選擇性注意與理解」（selective attention and perception）概念，是個人差異理論的最重要建樹。

「選擇性注意與理解」的概念否定了「同一訊息適用於全體」的觀念，為後來的「市場分割」和「分眾社會」概念奠定基礎。

個人差異理論的假設

1. 在日常生活中對他人公然表現敵意者，較不易說服。
2. 具有「社會退卻」傾向者，較不易說服。
3. 有豐富想像力，且對符號所表現的東西能由衷反應者，較易說服。
4. 自我評估卑微者，較易說服。
5. 有外導（other-directed）傾向者，較易說服。

個人差異的主要表現	1. 個人心理結構是千差萬別的。
	2. 先天稟賦＋後天學習不同＝個人差異。
	3. 人們在不同的環境中成長 → 心理結構各有不同。
	4. 人們由於後天習得的不同 → 影響他們對資訊的挑選及意義的解釋。
	5. 心理結構各不相同的社會成員，對大眾媒體內容的接受、理解、記憶、反應，也就各不相同。

選擇性注意與理解	• 否定了「同一訊息適用於全體」的觀念。
	• 閱聽人會回避和拒絕與需求不符合的訊息。

UNIT **7-8**
第三人效果（The Third-person Effect）

提出人：戴維森（W. Philips Davison, 1918-2012），曾任美國哥倫比亞大學新聞學與社會學教授。

背　景：戴維森在 1983 年發表的期刊論文〈傳播的第三人效果〉（The Third-Person Effect in Communication）裡提出此概念，開啟了新聞、傳播、民意與廣告行銷相關領域往後的「第三人效果」研究。

意　義：「第三人效果」研究起始於戴維森對二戰期間一段史實的好奇心。在美軍占領的一個太平洋小島上，以白人軍官和黑人士兵組成的部隊某天接到日軍空投之宣傳冊子，內容挑明此戰事是日本人和白人的戰爭，與有色人種無關，煽動黑人士兵不需為白人的恩怨付出生命；結果，第二天美軍全數撤退。宣傳冊子看似會影響黑人，但事後發現黑人士兵並未受影響，反倒是白人軍官受影響，擔心黑人士兵可能因挑撥而逃亡，進而採取因應的撤退行動。

這就是所謂的「第三人效果」，戴維森將「第三人」（third persons）定義為：（1）人們認為傳播的顯著效果不會發生在「你」、「我」身上，而會在「他們」身上；這個「他們」即為第一種「第三人」。（2）「第三人」同時也意味著那些預期或認為他人的態度或行為會受到媒體影響的人。媒體訊息對這兩種第三人產生的效果，就統稱為「第三人效果」。

「第三人效果」之重要假設為：（1）人們接觸到含有說服性的訊息（無論是否刻意勸服），會認為訊息對其他人的影響力大於自己；（2）不論自己是否為該訊息的明顯閱聽人（ostensible audience），人們會因為認知訊息對他人的影響效果而採取一些因應行動。他也針對媒體效果提出一個推論：「媒體的效果可能不是來自於明顯閱聽人的反應，而是那些預期或認為媒體訊息對別人有影響的人的反應上」。

至於為何人們認為不受歡迎的媒體內容對別人影響較大，對自己影響較小，至少有三個認知心理學和社會心理學理論可以解釋：

1. 歸因理論（attribution theory）：人們傾向於將自己的態度行為歸因到外在因素，而將不同於自己的其他人之行為歸因到個人特質因素；因此會用較複雜的情境式因素去判斷自己的行為，而用屬於個人特質的較簡單因素去判斷他人的行為。

2. 平衡理論（balance theory）：當人們將其他人視為較不優秀或較無知時，他和其他人的關係可能為負值，因此需要自己對媒體與他人對媒體認知的不同，來維持平衡。這樣的心理因素造成了人們對於媒體對自己影響及媒體對他人影響之差異性認知。

3. 認知易得性（cognitive availability）：指人們喜歡用自己的想法去推測其他人的想法，因為自身的想法或價值觀最容易出現在衡量民意分布的參考座標上，因此會形成自我中心偏差（egocentric bias），並投射到民意，造成對民意的誤判。

第三人

1. 傳播的顯著效果不會發生在「你」、「我」身上，而會在「他們」身上；這個「他們」即為第一種「第三人」。

2. 預期或認為他人的態度或行為會受到媒體影響的人。

「第三人效果」的假設

1. 人們收到說服性的訊息時，會認為訊息影響其他人多於自己。

說服性的訊息

2. 人們會因為認知訊息對他人的影響效果而採取一些因應行動。

為何人們認為媒體內容的影響對別人大於自己本身？

歸因理論 （attribution theory）	・判斷自己的行為：用較複雜的情境式因素。 ・判斷他人的行為：用較簡單屬於個人特質的因素。
平衡理論 （balance theory）	・判斷自己對媒體的認知：優秀。 ・判斷他人對媒體的認知：較無知。
認知易得性 （cognitive availability）	・判斷自身的想法或價值觀：本身的想法為衡量民意分布的參考座標。 ・判斷他人的想法或價值觀：用自己的想法去推測其他人的想法，形成自我中心偏差，造成對民意的誤判。

UNIT 7-9
免疫理論（Inoculation Theory）

提出人：麥吉爾（William J. McGuire, 1925-2007），美國社會心理學家，曾任教於耶魯大學等學府，以研究態度改變聞名，一些人視他為「社會認知之父」。帕博吉斯（Demetrios Papageorgis），加拿大社會心理學家。

背　景：麥吉爾和帕博吉斯是在 1961 年發表的期刊論文〈產生抵抗說服的免疫時各類型事前信仰防衛的相對效率〉（The Relative Efficiency of Various Types of Prior Belief-Defense in Producing Immunity Against Persuasion）裡，提出免疫理論的研究成果。

意　義：「免疫理論」是分析人們抗拒說服、拒絕改變態度的理論，麥吉爾與帕博吉斯以比擬醫學的預防接種（inoculation）概念而得出此名稱，因此也有學者將它中譯為「預防接種理論」。

此理論主張，大部分人持有未經挑戰的信念而遭他人攻擊時，便容易動搖，是因為他們不習慣維護它們；好比人長期生活在無菌室環境裡，突然暴露在自然環境中，就容易因為沒有任何抵抗力而遭病菌感染。要有抵抗力，除了依賴均衡飲食、運動、休息等作為滋養，也能經由預防接種，有計畫地接觸處於微弱狀態的細菌環境，以刺激個體產生抵抗力。

麥吉爾與帕博吉斯做了多次實驗，以驗證三個假設，其中一個假設是，「事前滋養」不如「事前接種」的免疫效果好。第二個假設是，接觸反面資訊時主動參與的受試者，其免疫效果不如被動參與的受試者，這是因為受試者並不習慣於積極參與維護自己的基本信念，因此不能做好此事，而且主動參與可能干擾實驗所欲釐清的免疫效果。

實驗分兩天進行，每天各一小時。首日，兩組受試者分別閱讀不同類型、包含支持性和駁斥性的「免疫材料」，強化他們對「文化常識」的信念——包括「盤尼西林效果宏大，對人人皆有好處」、「人們應儘量在每餐飯後刷牙」等。次日，受試者閱讀強烈批駁這些信念的反面材料。每天實驗結束後，受試者得填寫問卷，測量他們對這些文化常識的程度。

測試的結果達致的結論是：（1）只接觸正面資訊的受試者，後來接觸反面資訊時，較易棄守立場；（2）曾接觸反面資訊的受試者，後來接觸反面資訊時，較易堅守立場；（3）接觸反面資訊時主動參與的受試者，免疫效果不如被動參與的受試者。

當人們接收對基本信念的攻擊和對這些攻擊的反駁後，可以生發一種普遍性的抵抗力，使得他們的基本信念即使遭到不同方式的攻擊，也不可能改變，原因有二：一是有了第一次攻擊被反駁的經驗，便會降低後來攻擊的可信度；二是事先將攻擊暴露出來，可以使人們知道他們的信念確有弱點，進而推動他們去發掘更多足以支持其信念的論據。

免疫理論

• 人們抗拒說服、拒絕改變態度的理論。

免疫理論主張

• 人們容易被說服，是因為他們的信念沒有經過他人的質疑。因此如果人們的信念受到他人的挑戰及攻擊時，便會放棄自己的信念，而不去維護自己的立場。
• 人們的信念需要不時地接受挑戰，累積反駁的經驗可以產生抵抗力，信念才不易搖動。
• 人們需要接受挑戰來增加對信念的免疫力，就好像人們需要接受疫苗接種來抵抗病菌。

人們不輕易改變信念的原因

• 有了第一次攻擊被反駁的經驗，便會降低後來攻擊的可信度。

• 事先將攻擊暴露出來，可以使人們知道他們的信念確實有弱點，進而推動他們去發掘更多足以支持其信念的論據。

UNIT 7-10
兩級傳播理論（Two-step Flow of Communication）

提出人：拉扎斯菲爾德（Paul F. Lazarsfeld, 1901-1976）、伯勒遜（Bernard Berelson, 1912-1979）、高狄特（Hazel Gaudet），皆為美國社會學及傳播學學者，其中拉扎斯菲爾德更是美國傳播研究的其中一位先驅學者。

背　景：三人是在 1948 年出版、研究媒體對選民投票態度之影響的《人民的選擇：選民如何在總統選舉中做決定》（*The People's Choice: How the Voter Makes Up his Mind in a Presidential Campaign*）一書裡提出此理論，後經卡茨（James E. Katz）與拉扎斯菲爾德在 1955 年合著的《親身影響：人們在大眾傳播中扮演的角色》（*Personal Influence: The Part Played by People in the Flow of Mass Communications*）一書加以驗證。

意　義：拉扎斯菲爾德嘗試證實媒體萬能的傳統大眾傳播模式，但研究結果顯示當時的傳統大眾傳播模式（模式一），無法適切地代表閱聽人接受訊息的真實情況。研究顯示，選民政治傾向的改變很少直接受媒體的宣揚或勸服所影響，反之面對面的人際親身接觸似乎對其政治態度的形成和轉變更為關鍵。

研究發現，訊息的傳達過程可分兩個階段，首先從大眾媒體傳達給意見領袖，再由意見領袖傳達給普通民眾（模式二），因此稱之為「兩級傳播理論」。善於辭令的意見領袖積極地從媒體吸收資訊，並向其他民眾傳達和詮釋，甚至

企圖影響他們的意見及看法。意見領袖未必是有權有錢的人，可能是身邊的親朋戚友或同事等。

「兩級傳播理論」有力地打破了當時對媒體萬能論的迷信，指出傳播媒體不直接影響民眾，反而親身影響的擴散比傳播媒體的宣揚對於選民政治態度的改變更有成效。兩級傳播理論是一種傳播效果有限論，訊息在傳達給受眾時，不但由意見領袖過濾訊息，受眾之間也有互動，並非孤立。兩級傳播理論刺激了大量的受眾行為研究，尤其是創新傳布（diffusion of innovation）研究。

不過，兩級傳播理論被批評過於簡化，畢竟在某些情況下，媒體仍然能直接影響閱聽人。意見領袖與受眾並非截然劃分的兩種人，很多人不曾向意見領袖請教，很多意見領袖也未必積極地追求資訊或活躍於從事社會勸服。傳播可以是個互惠過程，意見領袖和受眾的角色可以互換；有些人在某方面是意見領袖，可是在另一方面就不一定了，所以意見領袖本身可能又有他的意見領袖。

換言之，訊息的流通可以是一級、兩級或多級。創新傳布理論提出了兩級傳播理論忽略的時間因素，媒體對「早知者」較重要，而親身影響對「後知者」較重要。媒體與親身接觸相輔相成，結合運用才能發揮極大效果。另外，社會制度的開明度也會影響意見領袖的表現，保守的社會制度很難出現兩級傳播理論所說的有創新性的意見領袖。

傳統的大眾傳播模式

大眾媒體

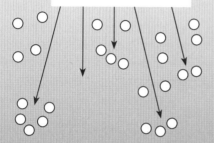

大眾媒體

○ 構成「大眾」的孤立個人

（模式一）

兩級傳播理論

大眾媒體

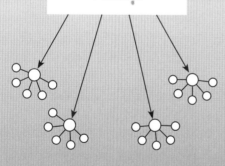

大眾媒體

○ 意見領袖

╲ 與一個意見領袖有社會接觸的個人

（模式二）

UNIT 7-11
意見領袖（Opinion Leader）

提出人：卡茨（James E. Katz），美國傳播學者，現任羅格斯大學傳播教授；拉扎斯菲爾德（Paul F. Lazarsfeld, 1901-1976），美國社會學者，也是傳播研究的其中一位先驅學者。卡茨是拉扎斯菲爾德的門生。

背　景：卡茨和拉扎斯菲爾德是在1955年出版的《親身影響：人們在大眾傳播流程中扮演的角色》（*Personal Influence: The Part Played by People in the Flow of Mass Communication*）一書中引進「意見領袖」這個術語。本書的研究發現改寫了大眾傳播媒體效果研究的典範，後來傳播學界提到此典範轉移時皆會引用本書書名或其研究發現。

意　義：《親身影響》一書把研究焦點從「媒體」轉移到「人們」身上，探究傳播媒體的效果。而且，這個以在迪卡特市隨機抽取的800名婦女作為調查對象的研究，一改過去研究總統選舉期間的政治傳播行為，轉移到日常生活中的尋常行為，包括購物行為、對流行時尚的追求、看電影，以及對在地公共事務的參與等。

該書的主要發現就是，無論是投票、購物、時裝、看電影或公共事務各方面，經由面對面、非正式溝通的親身影響，其力量大於大眾媒體，而發揮親身影響者就是所謂的「意見領袖」。「意見領袖」是用來說明媒體的影響，並且用以描繪「能夠影響其他日常社會關係中的人們的思考與行為」的個人所扮演的社會角色；這些個人可以是村長、家人、親戚、朋友、老師等等。

例如在政治選舉時，意見領袖對他們的追隨者所發揮的親身影響作用，左右了追隨者的投票行為。換言之，選民的投票行為，並不是以大眾媒體馬首是瞻，而是受到周遭親朋戚友的影響；大眾媒體對閱聽人既有意見或態度乃發揮強化者的作用，更甚於是改變者的作用。

早期的研究指出，意見領袖具有下列特質：(1) 他們比他們的追隨者接觸更多的大眾媒體，掌握較多的資訊來源和管道；(2) 除了媒體，他們也比追隨者接觸更多的外在團體或外在團體的意見領袖，即聯絡人的作用；(3) 他們在所屬群體中是受到尊敬的人，但是又與追隨者具有同質性，因而追隨者會願意向他們請益，並且受他們的意見所影響；(4) 他們願意把意見提供給追隨者，所以其所屬群體的其他成員不會把他們視為外人。

不過，有兩點特質值得注意。首先是意見領袖與題材相關，例如家庭成員較多的已婚女士，較可能成為市場購物方面的意見領袖，而比較好交際的年輕女性則較易成為時尚方面的意見領袖。其次，在日常生活事務上，較多是女性成為意見領袖；在公共事務方面，則主要是男性成為意見領袖。

意見領袖概念與兩級傳播（two-step flow of communication）乃一體兩面，前者側重了解影響者的特質，而後者則是描述傳播過程。

意見領袖的特質

1. 他們比他們的追隨者接觸更多的大眾媒體，掌握較多的資訊來源和管道。

2. 除了媒體，他們也比追隨者接觸更多的外在團體或外在團體的意見領袖，即聯絡人的作用。

3. 他們在所屬群體中是受到尊敬的人，但是又與追隨者具有同質性，因而追隨者會願意向他們請益，並且受他們的意見所影響。

4. 他們願意把意見提供給追隨者，所以其所屬群體的其他成員不會把他們視為外人。

已婚女士，較可能成為市場購物方面的意見領袖。

年輕女性則較易成為時尚方面的意見領袖。

UNIT 7-12
社會交換理論（Social Exchange Theory）

提出人：霍曼斯（George Homans, 1910-1989），美國社會學家、行為社會學及交換理論之奠基人。他曾任美國社會學學會主席、美國科學院院士，是 1950 年代至 1970 年代其中一位重要的社會學理論家。

背　景：霍曼斯最初是在 1958 年發表的一篇期刊論文〈交換的社會行為〉（Social Behaviour as Exchange）裡提出社會交換理論，1961 年出版專書《社會行為的基本形式》（*Social Behavior: Its Elementary Forms*），更完整地闡述其理論之內涵。其理論之源泉可追溯至三方面：古典政治經濟學及馬克思的經濟思想、文化人類學家的交換思想，以及個體主義心理學思想。

意　義：霍曼斯的「社會交換理論」深受經濟交易理論的影響，強調社會行為就像是一種商品交換行為：追求最大的報償、最低的成本。所謂交換行為，並不只限於物質商品的交換，也涵蓋讚許、榮譽或聲望等非物質商品的交換。人們之行為若非為了追求報償，就是為了逃避處罰；而且是以盡可能減低代價、提高報償的方式從事交換行為。只有在交換雙方都得利的情況下，社會互動方能持續，良好的人際關係就是建立在這種動機驅使的基礎上。

霍曼斯認為，行為的發生有四項基本原則：(1) 當某種行為越常獲得報償，人們越有可能重複此行為；(2) 倘若獲得報償的行為與某種情境有關，人們會再次尋求類似情境；(3) 報償價值越高，人們越願意採取行動；(4) 當某種需求越接近滿足，人們就越不會努力去滿足此需求。

「社會交換理論」的貢獻是強調合理分配的公平原則，意指在人際關係中存在著一套普遍規則以制約社會交換，而人們總是期盼自己得到的報償與付出的代價成正比；這種報償具有四種類型：金錢、社會肯定、自尊或尊重、順從。倘若違反公平原則，損害個人的既得利益，個人就會感到憤慨；反之，倘若總是得到報償而不付出代價，個人也會內疚和不安。換言之，「社會交換理論」的平等原則，是一種社會正義的形態，期許人們都能在分配公平的情形下，藉由本身勞力或腦力獲得物質或非物質的報償，以達到肯定自我的境界。

「社會交換理論」面對的主要批評：(1) 人的行為不一定只是用報償或代價加以計算；(2) 它只重視西方個人主義的社會文化，不一定適用於非西方重視集體主義的社會。

社會交換理論

- 深受經濟交易理論的影響，強調社會行為就像是一種商品交換行為：追求最大的報償、最低的成本。
- 交換行為，並不只限於物質商品的交換，也涵蓋讚許、榮譽或聲望等非物質商品的交換。
- 人們之行為若非為了追求報償，就是為了逃避處罰，而且是以儘可能減低代價、提高報償的方式從事交換行為。
- 只有在交換雙方都得利的情況下，社會互動方能持續，良好的人際關係就是建立在這種動機驅使的基礎上。

社會交換理論的原則

1. 當某種行為越常獲得報償，人們越有可能重複此行為。
2. 倘若獲得報償的行為與某種情境有關，人們會再次尋求類似情境。
3. 報償價值越高，人們越願意採取行動。
4. 當某種需求越接近滿足，人們就越不會努力去滿足此需求。

社會交換理論

- 強調合理分配的公平原則。
- 人們總是期盼自己得到的報償與付出的代價成正比。
- 這種報償具有四種類型：金錢、社會肯定、自尊或尊重、順從。
- 倘若違反公平原則，損害個人的既得利益，個人就會感到憤慨。
- 反之，倘若總是得到報償而不付出代價，個人也會內疚和不安。

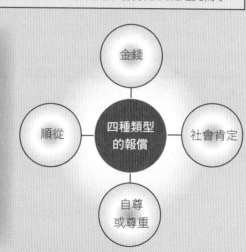

金錢

社會肯定

自尊或尊重

順從

四種類型的報償

社會交換理論面對的主要批評

人的行為不一定只是用報償或代價加以計算。

它只重視西方個人主義的社會文化，不一定適用於非西方重視集體主義的社會。

UNIT 7-13
創新傳布理論（Diffusion of Innovations）

提出人：羅吉斯（Everett M. Rogers, 1931-2004），美國傳播學者、社會學家，曾任新墨西哥州立大學傳播與新聞學系教授、國際傳播協會主席。

背　景：羅吉斯在 1962 年出版的《創新傳布》（*Diffusion of Innovations*）一書中，首次提出此理論。該書成為社會科學領域中其中一本最常為人所引用的著作，至 2003 年，已更新至第五版，並處理了網際網路之擴散，以及它如何改變人們溝通和吸收新想法的方式。

意　義：扼要地說，創新傳布意指某項新事物透過特定管道，經過一段時間，傳播至社會體系成員當中的過程。意即新事物的傳布過程歷經四個基本要素：

1. 新事物的產生，即某種觀念、實踐或物品。
2. 經由某種管道傳播，即用來傳遞訊息的工具，例如大眾媒體利於知識的創新。
3. 經歷一段時間，包括：(1) 創新決策的過程；(2) 創新性，即個人或其他單位比其他社會體系更早接納新事物；(3) 新事物的採納程度。
4. 社會體系，體系內的社會與傳播結構，能促進或阻礙新事物在社會成員中流傳。

羅吉斯認為，人們在考慮是否接納採用新事物時，會衡量其是否具備五種特質：(1) 相對利益，即新產品優於原有競爭產品的程度；(2) 相容性，即新事物與個人價值及經驗一致的程度；(3) 複雜性，即理解和使用新產品的相對困難程度；(4) 可試驗性，即新產品在有限的基礎上可試驗的範圍；(5) 可觀察性，即新產品有形或無形的利益易被人觀察或描述的程度。

統計學出身的羅吉斯以數學的鐘形曲線（bell curve）模式將對新事物或新觀念的接納者區分為：創新者（具有冒險精神型，占 2.5%）、早期採用者（受人尊敬型，占 13.5%）、早期跟進者（深思熟慮型，占 34%）、晚期跟進者（疑神疑鬼者，占 34%）及落後群（保守傳統型，占 16%）。

在新事物傳布的過程中，羅吉斯提出「臨界大眾」（critical mass）的概念，認為唯有當採用新事物的人數突破臨界大眾之後，新事物才得以快速趨勢在社會中散布，直至趨於普及；一個極端的例子，在 1970 年代首先採用電話的人身上充分說明了這種互動式科技除非有第二個人採用，否則其實用性等於零。

就傳播媒體而言，首先採納使用新傳播科技的人最顯著的一項特徵，是他們的社會經濟地位較後來跟進者或拒絕者更屬社會精英；主要原因是：(1) 新媒體價格不斐，精英分子較有能力購買；(2) 教育程度高的人更為重視資訊的重要性，且更能感覺到它的重要性；(3) 某些聲望高的職業（例如科學家和工程師），更有能力去使用新傳播科技。

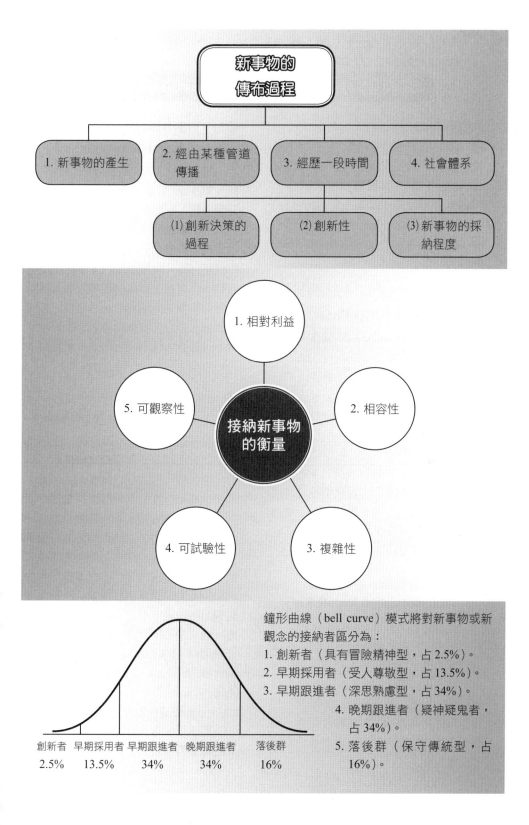

UNIT **7-14**
電視暴力的效果（The Effect of Television Violence）

提出人：諸家。

背　景：美國傳播學界有大量的傳播效果研究，其中又以與電視暴力相關的研究占多數。美國傳播學者認為，充滿暴力內容的美國電視節目很有可能影響閱聽人的行為。

意　義：傳播學界提出四種關於電視暴力的假設：

(一) 宣洩假設（cathasis hypothesis）

費希巴（Seymour Feshbach）是提出此假設的主要學者。此假設認為，觀看有暴力內容的電視節目，會讓人們宣洩生活上的不滿，可以替代對他人使用暴力的衝動。電視的暴力內容可以提供閱聽人替代式的侵略經驗，是疏解閱聽人暴力衝動的有效方法，也是降低社會上暴力行為發生的有效控制。不過，在電視暴力效果研究中，宣洩假設沒有得到大多數學者的支持。另一方面，刺激假設、模仿假設及失控假設，都在其他的研究中得到支持。

(二) 刺激假設（stimulation hypothesis）

柏寇維茲（Leonard Berkowitz）為提出刺激假設的主要學者。他認為，電視的暴力內容會使閱聽人暴露在侵略性的刺激，使閱聽人的生理和情緒產生侵略反應。當然，並不是所有的閱聽人都會對電視的暴力內容有侵略性反應，因為不是每位閱聽人都會在觀看暴力節目產生挫折感。

(三) 模仿假設（imitation hypothesis）

班都雅（Albert Bandura）及沃特斯（Richard Walters）提出模仿假設。此假設認為，電視的暴力內容會成為閱聽人行使暴力的示範，閱聽人會因為看到電視上的暴力描述而學習模仿節目中的侵略行為。根據該假設，閱聽人不會自動表現電視上學得的侵略行為，但是在遇到與電視描述般的被激怒情況相似的情境，暴力的衝動就會表現出來。社會上發生暴力行為的可能性，也相對提高。

(四) 失控假設（disinhibition hypothesis）

克萊伯（Joseph Klapper）提出這項假設，他認為文化規範及價值觀、社會角色、個人特質，以及他人的影響，是決定暴力行為的主要因素。電視的暴力內容是否會增加或減少社會上暴力發生的機率，取決於閱聽人的態度和對暴力節目的理解。沒有暴力傾向的閱聽人觀看暴力的電視內容時，會選擇符合自己反對暴力的訊息，以增強自己原本反對暴力的規範。反之，有暴力傾向的閱聽人觀看暴力節目時，就會尋找支持自己暴力行為的訊息，因此電視暴力會使到有暴力傾向的人合理化他們的暴力行為。

在美國資助的研究當中，發現在一定程度上，電視的暴力內容比任何因素更能影響兒童暴力行為的產生。

(一)宣洩假設 （cathasis hypothesis）	提出人：**費希巴（Seymour Feshbach）** 主張： 1. 人們對生活的不滿可以透過觀看有暴力內容的電視節目來宣洩。 2. 電視的暴力內容可以替代閱聽人的侵略經驗，抒解閱聽人的暴力衝動。 3. 有效控制社會上暴力行為的發生。

(二)刺激假設 （stimulation hypothesis）	提出人：**柏寇維茲（Leonard Berkowitz）** 主張： 1. 電視的暴力內容會使閱聽人暴露在侵略性的刺激，使閱聽人的生理和情緒產生侵略反應。 2. 不是所有的閱聽人都會對電視的暴力內容有侵略性反應，因為不是每位閱聽人都會在觀看暴力節目時產生挫折感。 3. 社會上暴力發生的機率，取決於閱聽人觀看電視的暴力內容時有沒有侵略性的反應。 4. 研究得到大多數學者的認同。

123

(三)模仿假設 （imitation hypothesis）	提出人：**班都雅（Albert Bandura）及沃特斯（Richard Walters）** 主張： 1. 電視的暴力內容示範了行使暴力的情境，閱聽人會因為看到電視上的暴力描述而學習模仿節目中的侵略行為。 2. 閱聽人不會自動表現電視上學得的侵略行為，但是在遇到與電視描述般的被激怒情況相似的情境，暴力的衝動就會表現出來。 3. 提高社會上發生暴力行為的可能性。 4. 研究得到大多數學者的認同。

(四)失控假設 （disinhibition hypothesis）	提出人：**克萊伯（Joseph Klapper）** 主張： 1. 文化規範及價值觀、社會角色、個人特質，以及他人的影響，是決定暴力行為的主要因素。 2. 反對暴力的閱聽人觀看暴力的電視內容時，會選擇符合自己反對暴力的訊息，以維護本身的立場。 3. 電視暴力會使得有暴力傾向的人合理化他們的暴力行為。 4. 社會上暴力發生的機率，取決於閱聽人的態度和對暴力節目的理解。 5. 研究得到大多數學者的認同。

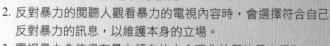

UNIT **7-15**
電視暴力（Televison Violence）

提出人：葛伯納（George Gerbner, 1919-2005），匈牙利裔美國學者，曾任美國賓州大學安南堡傳播學院院長長達 25 年（1964-1989），涵化理論（cultivation theory）的提出者。

背景：雖然在葛伯納之前已有學者研究電視暴力，但是葛伯納在 1970 年的研究《文化指標：論電視暴力》（*Cultural Indicators: The Case of Violence in Television Drama*）裡指出，電視虛構的世界和現實人生之間，存在一種象徵性而非直接的關係，是電視的暴力和真實的暴力不甚相同的原因。

意義：葛伯納是從下列四個層面全面研究電視象徵世界與真實世界之間的異同：(1) 存在；(2) 優先次序；(3) 價值；(4) 關係。

葛伯納首先建立了暴力在電視上存在的事實，指出 80% 的戲劇節目裡存有暴力，而主要角色中也有 50% 使用暴力，且有 60% 是暴力的受害者。他發現電視暴力的呈現有年齡、階級和種族的偏愛模式。年齡：年長者成為暴力受害者對象的機率較高，年輕人則較易成為行兇者。階級：下層階級犯下罪行及蒙受暴力的比率比中上階級高。種族：非白人犯下暴行及成為暴力受害者的比率，也比白人高。

在優先次序這一層面，他則指出暴力在電視戲劇節目裡所占的地位更加毋庸置疑，幾乎無一劇無暴力，無一人能免於暴力。

至於價值這一層面，葛伯納著墨不多，因為社會對暴力行為的價值判斷，往往可由第四層面的探討中顯示得更清楚。葛伯納最大的貢獻就是對第四層面的研究所得，發現電視上的暴力，多數屬於非個人性質、發生在陌生人之間的爭權奪利，而很少發生在親密關係之間。好人先動手的次數並不遜於壞人，可是他們造成的傷亡比較輕，自己受到的傷害卻比較大；反之，壞蛋最終都是沒有好下場，但是遭到惡報之前，他們受的罪卻比較小。這是因為，使用暴力者的個性，都比非暴力者要冷靜、有條理，而使用暴力並獲得好下場的決定因素，主要在於本領的高低。

葛伯納認為，暴力雖然發生在人們之間，卻不具任何的私人性，它只是追求社會認可的名利權位的一種手段；因此，暴力雖然和權力控制有明顯的關係，卻不是某人控制另一人的狀況。反之，暴力所代表的，是某一種社會角色控制另一種社會角色的情形。

總之，葛伯納的研究證明電視戲劇暴力和真實暴力之間有顯著的差別，電視暴力和戲劇裡其他成分有一定的關係，而此一關係的控制法則，乃源自社會的價值觀。但是，由於人們對電視特殊氛圍的熟悉，使人們對電視暴力的反應，有別於對真實暴力的反應；例如，看到電視上惡人在警槍下伏法，人們會感到大快人心，可是在現實生活中，人們不會願意親眼看到歹徒在他們眼前伏法。

葛伯納（George Gerbner, 1919-2005）

暴力
- 只是追求名利權位的一種手段。
- 某一種社會角色控制另一種社會角色的情形。

葛伯納指出暴力在電視上存在的事實

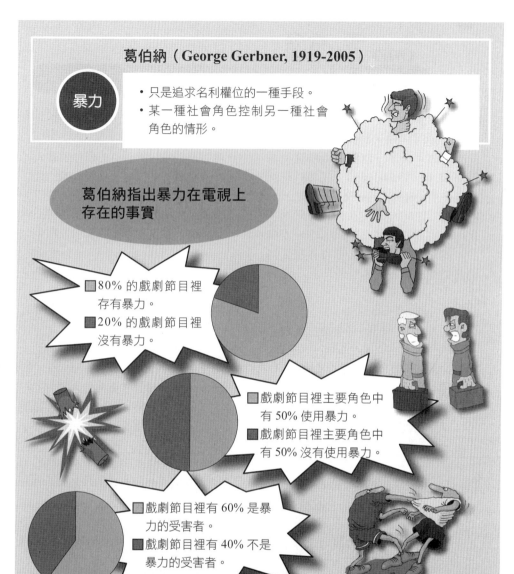

- 80% 的戲劇節目裡存有暴力。
- 20% 的戲劇節目裡沒有暴力。

- 戲劇節目裡主要角色中有 50% 使用暴力。
- 戲劇節目裡主要角色中有 50% 沒有使用暴力。

- 戲劇節目裡有 60% 是暴力的受害者。
- 戲劇節目裡有 40% 不是暴力的受害者。

電視暴力的呈現有年齡、階級和種族的偏愛模式		
年齡	年長者成為暴力受害者對象的機率較高。	年輕人則較易成為行兇者。
階級	下層階級犯下罪行及蒙受暴力的比率比較高。	中上階級犯下罪行及蒙受暴力的比率比較低。
種族	非白人犯下暴行及成為暴力受害者的比率比較高。	白人犯下暴行及成為暴力受害者的比率比較低。

UNIT **7-16**
文化指標（Cultural Indicators）

提出人：葛伯納（George Gerbner, 1919-2005），匈牙利裔美國學者，曾任美國賓州大學安南堡傳播學院院長長達 25 年（1964-1989），主導該學院之成長及在傳播理論研究的影響力。

背　景：1960 年代的美國社會動盪不安，美國成立「暴力起因與防治委員會」尋求對策，其中一項專案研究是葛伯納的電視暴力節目的研究，而開始於 1967 年和 1968 年之間的「文化指標」（cultural indicators）研究則是該專案之一部分，目的是要彙整電視節目內容之趨勢，以及了解電視內容的變化如何影響觀眾對世界的感知。

意　義：「文化指標」的研究目的，是要了解在其他因素相同的情況下，大量觀看電視的「高收視迷」（heavy viewers）對於社會真實（social reality）的理解，相對於較少看電視者（light viewers）有何差異。但是「文化指標」研究並不僅止於檢視收看電視節目與某一社會現象之間的關聯而已，葛伯納甚至著眼於將電視作為形塑當代文化的主要機制，試圖就與電視產業有關的各個環節展開整體檢視，進而釐出其在文化上的意義。

「文化指標」研究有三個研究問題：(1) 媒體內容究竟是在什麼過程、什麼壓力和什麼限制之下產製而成？(2) 媒體內容所呈現的形象、訊息、事實、價值，到底有何主控且集體的模式？(3) 媒體傳遞的訊息，對於閱聽人建構社會真實，有何貢獻？

為了尋找這三個問題的答案，「文化指標」研究擬定的三個研究策略分別是：

1. 制度性過程分析：目的是探討龐大的媒體機構如電視臺，面對大量的資訊處理與流傳過程，究竟如何決策。

2. 訊息系統分析：目的是分析電視節目的內容，試圖確認電視節目之特色與趨勢，其資料蒐集範圍遍布世界各國。

3. 涵化分析：掌握閱聽人觀看琳琅滿目的電視節目之後，被問到關於社會真實的問題時，反應為何。

葛伯納憑此研究結果提出「冷酷世界症候群」（mean world syndrome）的概念，描述大量觀看電視的人更容易把世界看成一個危險和可怕的地方。這是因為，長時間觀看暴力電視節目的人，會變得沒有安全感；更糟糕的是，由於看慣了暴力，所以得觀看更激烈的暴力才有刺激感，他們對暴力和暴力的受害人漸漸失去敏感和同情心，甚至麻木不仁。

「文化指標」研究衍生出其中兩個較受注目的概念是：

1. 主流傾向效果（mainstreaming）：意指較多觀看電視的人，對於外在世界的觀點，會傾向於和電視節目提供的觀點不謀而合。

2. 共鳴效果（resonance）：意指當電視節目裡的情境與個人實際生活經驗相似時，電視節目有強化涵化作用之效果；即使不是真正的實際生活經驗，只要與個人所理解的現實相同，都會有共鳴效果。

文化指標

1. 「高收視迷」→大量觀看電視→對於社會真實的理解比較少。
2. 「低收視迷」→較少看電視者→對於社會真實的理解比較多。

「文化指標」的三個研究策略

制度性過程分析
探討龐大的媒體機構如何決策大量的資訊處理與流傳過程。

訊息系統分析
分析電視節目內容的特色與趨勢。

涵化分析
掌握閱聽人觀看電視節目之後對社會真實的反應。

冷酷世界症候群

- 大量觀看電視的「高收視迷」會變得沒有安全感,更容易把世界看成一個危險和可怕的地方。
- 看慣了暴力的閱聽人,需要觀看更激烈的暴力才有刺激感,他們對暴力和暴力的受害人漸漸失去敏感和同情心,甚至麻木不仁。

文化指標」發現

主流傾向效果
較多觀看電視的人,會以電視節目提供的觀點來詮釋外在世界的觀點。

共鳴效果
當電視節目裡的情境與個人實際生活經驗相似時,電視節目有強化涵化作用之效果;即使不是真正的實際生活經驗,只要與個人所理解的現實相同,都會有共鳴效果。

UNIT 7-17
涵化理論（Cultivation Theory）

提出人：葛伯納（George Gerbner, 1919-2005），匈牙利裔美國學者，曾任美國賓州大學安南堡傳播學院院長長達 25 年（1964-1989），主導該學院之成長及在傳播理論研究的影響力。

背　景：1960 年代的美國社會動盪不安，政治人物頻遭行刺，美國成立「暴力起因與防治委員會」尋求對策，葛伯納就是憑著該委員會的資助從事電視暴力節目的研究，其中一項專案研究是關於「文化指標」（cultural indicators）的研究。「文化指標」的三個研究策略是：制度性過程分析、訊息系統分析和涵化分析，「涵化理論」就是從第三項研究策略中發展出來。

意　義：涵化理論是長期媒體效果理論的一支，主要研究焦點是關於暴力和犯罪，既注重電視節目對於暴力和犯罪的描述、真實暴力與犯罪事件發生率與不同的風險，也注意公眾對犯罪的認知和態度。不過，它後來的發展已遠遠超越電視暴力的範疇，甚至試圖建構一套關於電視與社會的傳播理論。

涵化理論的核心假設是，雖然電視對於真實的描述是刻板、扭曲和具有選擇性的，但是電視觀眾仍會逐漸採納電視戲劇和新聞中有系統的真實描述方式，因為電視是在人們日常生活中占據最核心地位的現代媒體，對於每天大量觀看電視節目的人，電視代替了其他活動，成為資訊、觀念與意識的主要來源，甚至支配了他們的「符號與文化環境」，以至於會按照電視節目提供的內容來思考問題，只要被問到什麼問題，自然而然地以「電視的答案」回答。

換言之，電視中關於「真實」的訊息，取代了個人經驗和其他用來理解世界的手段。越常暴露在電視內容的人，他對世界的認知會比其他人更接近電視所描繪的世界，更覺得世界可鄙。

雖然涵化理論是效果理論，但它不同於早期「刺激－反應」的行為改變效果模式，而是強調電視對觀眾產生潛移默化的影響。在這個過程中，電視為社會各階層觀眾提供了一套同質的「隱藏課程」（hidden curriculum）、一個媒體環境，一套對生活、世界、生命的解釋，其最主要效果並非改變閱聽人，而是維持社會現狀，使閱聽人對世界的認知符合既有的價值規範及政經秩序。

涵化理論面對的批評有：(1) 實際電視經驗可能是更為差異化和非涵化性，而且隨著電視生產和供應的增加，此情況可能更為明顯；(2) 涵化效果是否會在美國以外的地方發生，畢竟電視內容和使用常因地域而異；(3) 涵化效果並非取決於多看或少看電視，而是取決於觀眾內在的人格結構；(4) 觀眾未必是消極的，而是會積極主動選擇媒體和媒體內容，也會主動詮釋所得訊息。

涵化理論後來的修正，是把涵化效果分為「初級信念」（first-order beliefs）和「次級信念」（second-order beliefs）兩種類型；前者是個人對有關真實世界各種事實的想法，後者則是個人對真實世界各種事實的期望或態度，兩者可以環環相扣，後者又可能衍生自前者。

涵化理論的假設

- 電視對於真實的描述是刻板、扭曲和具有選擇性的。
- 大量觀看電視節目的閱聽人,將電視視為資訊、觀念與意識的主要來源。

電視對閱聽人的影響

- 透過「隱藏課程」(hidden curriculum)、媒體環境,及對生活、世界、生命的解釋來影響閱聽人。
- 潛移默化的慢慢影響。
- 不是要改變閱聽人,而是維持社會現狀。
- 電視讓閱聽人對世界的認知符合既有的價值規範及政經秩序。

涵化理論的批評

1. 電視的實際經驗不是涵化,可能是更為差異化。
2. 電視內容和使用會因為地域不同而不一樣。涵化效果在美國以外的地方未必發生。
3. 涵化效果並非取決於多看或少看電視,而是取決於觀眾內在的人格結構。
4. 觀眾未必是消極的,而是會積極主動選擇媒體和媒體內容,也會主動詮釋所得訊息。

涵化效果

「初級信念」(first-order beliefs)

- 個人對有關真實世界各種事實的想法。

「次級信念」(second-order beliefs)

- 個人對真實世界各種事實的期望或態度。

UNIT 7-18
沉默螺旋理論（Spiral of silence）

提出人：諾爾紐曼（Elisabeth Noelle-Neumann, 1916-2010），德國政治科學學者。

背　景：諾爾紐曼對「媒體效果有限論」抱持質疑態度，於 1972 年提出「沉默螺旋」理論，且首次應用於研究西德大選的理論構想，以解釋民意如何在媒體議程影響下形成。她在西德的多屆大選中以一連串民意調查反覆驗證該理論，並出版《民意：沉默螺旋的發現之旅》一書，闡述此理論。

意　義：「沉默螺旋」理論之前提乃「害怕孤立」，意指人們對於立場表態有一種尋求大多數意見認同的心態，倘若發現自己的意見和大多數人相同，他們就會積極地參與討論，並大膽地表明立場。反之，倘若發現自己的意見沒人或很少人贊同，會因為環境壓力而選擇保持沉默。如此一來，優勢意見會因為弱勢意見的沉默而增勢，導致優勢意見的聲音越來越大，得以傳播得更廣，同時又導致其他劣勢意見被壓制。如此反覆循環，就會形成螺旋般的發展過程，聲音大者越大，聲音小者越小。

大眾媒體對於意見氣候之形成，效果強大且非常顯著，其廣為宣傳的觀點通常會被人們當作是社會的「優勢」意見，導致「害怕孤立」的人們傾向於附和優勢意見。以選舉期間的意見氣候為例，「害怕孤立」者會倒向意見氣候中的預測贏家，此為「樂隊花車效果」（bandwagon effect），即跟著遊行隊伍最前端的樂隊花車跑，免得自己被冷落。

諾爾紐曼也指出，人們與生俱來就有判斷意見氣候的「準統計官能」，它讓人們能夠在環境中敏感地覺察意見的分布次數與改變。這種對意見環境的觀察有兩種來源：一是個體對其所在真實環境的第一手觀察，二是經由媒體之眼對真實的觀察。較常經由電視之眼觀察世界者，察覺出意見氣候的轉變；而不透過電視之眼觀察世界者，則絲毫沒注意到這種轉變。這是一種「雙重意見氣候」，意指人們根據不同的媒體使用，會認知到不同的意見氣候，一旦意見氣候的評估因媒體使用而有差異，便值得去驗證人們面對媒體時所受的影響為何。

儘管提出「害怕孤立」之說，但諾爾紐曼卻也認為，還有一組人是無懼於孤立的「死硬派」。「死硬派」在沉默螺旋過程中留存下來，排除孤立威脅的少數意見者，可以不理睬公眾，面對陌生人，公然與人徹底隔絕，一心嚮往過去或是極其美好的未來。

總的來說，諾爾紐曼認為，大眾媒體有意識地引用累積（長期重複報導的效果）、同質（報紙、電視及廣播等呈現一致性很高的內容，容易讓人信服）及公眾效果（優勢意見對個人形成社會壓力，並對個人心理會產生很大的影響）三個概念來操縱媒體效果，其研究是使得媒體效果研究典範由效果有限論再轉回強大效果理論的轉捩點。

沉默螺旋理論

- 人們對於立場表態有一種尋求大多數意見認同的心態，倘若發現自己的意見和大多數人相同，他們就會積極地參與討論，並大膽地表明立場。
- 反之，倘若發現自己的意見沒人或很少人贊同，會因為環境壓力而選擇保持沉默。
- 優勢意見會因為弱勢意見的沉默而增勢，導致優勢意見的聲音越來越大，得以傳得更廣，同時又導致其他劣勢意見被壓制。
- 如此反覆循環，就會形成螺旋般的發展過程，聲音大者越大，聲音小者越小。（如下圖）

大眾媒體營造的優勢意見

人們對於劣勢意見的支持

不敢公開表達劣勢意見，
或改變而依附優勢意見的人

兩種觀察意見環境的來源

| 個體對其所在真實環境的第一手觀察 | 經由媒體之眼對真實的觀察 |

三個大眾媒體操縱媒體效果的概念

| 有意識地引用累積（長期重複報導的效果） | 同質（報紙、電視及廣播等呈現一致性很高的內容，容易讓人信服） | 公眾效果（優勢意見對個人形成社會壓力，並對個人心理會產生很大的影響） |

UNIT **7-19**
框架效果（Framing Effects）

提出人：高夫曼（Erving Goffman, 1922-1982），美國社會學家，是符號互動論的代表人物、戲劇論的倡導人。2007年，在泰晤士報高等教育指南臚列之人文與社會科學領域最常為人引用的知識分子榜單中，高夫曼排名第六，在吉登斯（Anthony Giddens）之後、哈伯瑪斯（Jürgen Habermas）之前。

背景：關於框架效果的分析，並非一套完整成熟的理論典範和一以貫之的方法論途徑；反之，它是一組相關的論述分析方法，而高夫曼在1974年出版《框架分析》（*Frame Analysis: An Essay on the Organization of Experience*）一書，詳盡闡述框架的概念，使得框架理論廣受重視，而他也被視為此理論的集大成者。

意義：在《框架分析》一書中，高夫曼嘗試解釋框架的概念如何建構個人對社會的感知方式，意即組織個人的經驗，進而指導個人的行動。他將框架定義為一種用以詮釋外在世界的心理基模，是人們尋找、感知、辨識，以及標籤外在世界的基礎；在這個框架的過程中，人們透過符號轉換始能將社會事件與個人內心主觀認知有所關聯。意即，框架是人們將社會真實轉換為主觀思想的重要憑據。

高夫曼用了一個例子闡述框架的概念，那就是將框架的概念比作相框的框架，以相框來說明人們如何使用相框（象徵結構）來將反映人們生活經驗的照片（象徵脈絡）組合起來。

最基本的框架被稱為主體框架（primary frameworks），這些框架使得原本毫無意義的個人經驗或某個場景，變得富有意義。其中一種類型的基本框架是「自然框架」（natural frameworks），它標示在自然界中發生、且完全未經人為活動影響的情況。另一種類型的框架是「社會框架」（social framework），它解釋事件，並讓它和人連接起來。自然框架的一個例子是天氣，而社會框架的例子則是向人們報告天氣預測的氣象學家。

藉由框架，人們得以分辨正在從事的活動屬於哪一類，譬如擁抱可能代表安慰、諒解、關愛等等；換言之，框架也可以說是一種「分類工具」，將周遭事物、行為置於框架內加以分類，人們才能理解。不過，框架也是一個「簡化」的過程，必然忽略個別事物之間的差異；而且，每一種框架往往都蘊含著價值判斷。

框架理論和框架分析已在傳播學、新聞學、政治學和其他社會運動中廣為人們使用。以媒體為例，框架理論意味著記者採用某種類型的框架來觀察和描述新聞事件，進而影響了閱聽人對該事件作何想，影響他們如何處理和儲存信息，將閱聽人的注意力引到事實的某方面，從而使其忽略其他方面。

框架

→ 個人對社會的感知方式。
→ 組織個人的經驗。
→ 指導個人的行動。

定義：
• 詮釋外在世界的心理基模。
• 人們尋找、感知、辨識，以及標籤外在世界的基礎。

過程：
• 透過符號轉換 → 將社會事件與個人內心主觀認知有所關聯。
• 將社會真實轉換為主觀思想。

使用相框（象徵結構）來反映人們生活經驗的照片（象徵脈絡）組合

框架的種類

主體框架
（primary frameworks）

框架使得原本毫無意義的個人經驗或某個場景，變得富有意義。

自然框架
（natural frameworks）

它標示在自然界中發生、且完全未經人為活動影響的情況。例子：天氣。

社會框架
（social framework）

它解釋事件，並讓它和人連接起來。例子：向人們報告天氣預測的氣象學家。

框架理論

框架理論意味著記者採用某種類型的框架來觀察和描述新聞事件，進而影響了閱聽人對該事件作何感想，影響他們如何處理和儲存訊息，將閱聽人的注意力引到事實的某方面，進而使其忽略其他方面。

UNIT **7-20**
知溝假設（Knowledge Gap Hypothesis）

提出人：提契納（Phillip J. Tichenor, 1931- ）、多納休（George A. Donohue, 1924- ）及奧里恩（Clarice N. Olien, 1933- ），他們是美國明尼蘇達大學的學者。

背　景：上述三位學者是在 1970 年發表的一篇期刊論文〈大眾傳媒和知識的增長差距〉（Mass Media and the Differential Growth in Knowledge）裡首次提出「知溝假設」，1975 年提出小修訂，1980 年綜合整理成書。

意　義：知溝假設是為了解釋大眾傳播助長社會不同階級成員間知識上的差距或鴻溝現象而產生，它指出：傳播媒體的資訊傳入社會制度之速度若加速，則社會經濟地位較高者獲得資訊的速度比社會地位較低者為快，是以兩者之間的知識鴻溝擴大而非縮小。

他們把社會經濟地位視為造成知溝的主因，而教育程度則是社會經濟地位的指標。他們從四項資料的分析，即新聞傳布、時間上的趨勢、報紙罷工和田野測驗，證實知溝隨教育程度的差距而擴大。

這裡所謂的「教育」，涵蓋五種特徵：

1. 傳播技巧：教育程度較高者有較強的閱讀和理解力，較具處理公共事務和科學資訊的必備能力。
2. 資訊存庫：教育程度較高者有較豐富的資訊存庫，有助於觀察事件的背景，進而了解部分與整體的關係。
3. 人際網絡：教育程度較高者生活圈子較廣，且較有機會與飽學之士接觸，

自然喜歡討論公共事務。
4. 選擇性理解：教育程度不同的人，會選擇接觸不同的傳播內容，即心理學所謂的「實質的選擇性」。
5. 媒體的選擇：這是因為大眾媒體傾向於迎合高社經地位者的需求，社經地位高者較偏好印刷媒體，畢竟印刷媒體刊載較多的科學與公共事務資訊。

這三位學者在 1975 年發表另一篇論文〈大眾媒體與知識鴻溝〉（Mass Media and the Knowledge Gap），就知溝假設提出修正，認為在四種情況下，知溝會縮小，而不是擴大：(1) 議題引起社會關切的程度越高，知溝越可能縮小；(2) 衝突焦點是本地議題時，知溝可能會縮小；(3) 知溝擴大較可能在多元社區發生（流通的資訊龐雜），透過非正式但共同傳播管道的同質社區，知溝較容易縮小；(4) 大眾媒體重複報導某事件，引起民眾注意該事件，則知溝可因此縮小。

整體而言，知溝假設有兩種主要的層面：第一個層面關切社會階級之間集體資訊的分布狀態，這種「差距」可能發源於基本的社會不平等，這就不是單憑媒體就能改變。第二個層面是和某個特定主題相關，在這個主題上，某些人有較多的認知；在這方面，有許多或開放或封閉的差距可能性，而媒體似乎確實縮小了某些差距、擴大了其他的差距。

網路時代衍生出的數位落差概念，與知溝假設有關，但前者乃獨立發展出來之概念。

知溝假設

- 大眾傳播助長社會不同階級成員間知識上的差距或鴻溝現象而產生。

> 傳播媒體的資訊傳入社會制度之速度若加速

> 社會經濟地位較高者獲得資訊的速度比社會地位較低者為快

> 兩者之間的知識鴻溝擴大

「教育」的五種特徵

傳播技巧	教育程度較高者有較強的閱讀和理解力，較具處理公共事務和科學資訊的必備能力。
資訊存庫	教育程度較高者有較豐富的資訊存庫，有助於觀察事件的背景，進而了解部分與整體的關係。
人際網絡	教育程度較高者生活圈子較廣，且較有機會與飽學之士接觸，自然喜歡討論公共事務。
選擇性理解	教育程度不同的人，會選擇接觸不同的傳播內容，即心理學所謂的「實質的選擇性」。
媒體的選擇	這是因為大眾媒體傾向於迎合高社經地位者的需求，社經地位高者較偏好印刷媒體，畢竟印刷媒體刊載較多的科學與公共事務資訊。

議題引起社會關切的程度越高，知溝越可能縮小。

大眾媒體重複報導某事件，引起民眾注意該事件，則知溝可因此縮小。

四個知溝縮小的條件

衝突焦點是本地議題時，知溝可能會縮小。

知溝擴大較可能在多元社區發生（流通的資訊龐雜），透過非正式但共同傳播管道的同質社區，知溝較容易縮小。

UNIT **7-21**
資訊尋求模式（Information Seeking Model）

提出人：提契納（Phillip J. Tichenor, 1931- ）、多納休（George A. Donohue, 1324- ）及奧里恩（Clarice N. Olien, 1933- ），他們是美國明尼蘇達大學的學者。

背　景：他們在 1975 年發表的期刊論文〈大眾媒體與知識鴻溝〉（Mass Media and the Knowledge Gap）裡，提出「資訊尋求模式」之概念。

意　義：「資訊尋求模式」乃依據「態度一致理論」的社會心理來假設大眾會有尋求資訊、迴避資訊及處理資訊的傾向，企圖研究人們尋求資訊的前因後果。資訊尋求模式包含了從人們意識到有資訊需求，表達資訊的需求，開始透過嘗試各種不同的管道來滿足資訊需求，經過各階段的過程，直到其資訊需求得到滿足為止的一連串活動。

資訊尋求模式企圖了解人們如何尋找資訊及如何處理資訊，提出了人們尋求資訊以滿足其資訊尋求。而且，個人會積極尋找與他對現實印象一致的消息，排斥與他的現實印象不一致的消息，意即會迴避他們不能接受的訊息。

資訊尋求模式的重要概念有：

（一）印象（image）

這是指個人的生活閱歷所累積的經驗，再加上個人的目標、信念及知識形成。此外，個人的自我概念（self-concept）既是形成印象的一部分，也是評價個人處理各種不同資訊能力的依據。

（二）現實印象（image of reality）

現實印象的形成是資訊編輯組成的概念，資訊使用的形式可以影響個人尋求和處理資訊的行為。一般上，個人會有一種以現實的印象來處理資訊的傾向，倘若發現資訊與他對現實的印象不相同，此資訊則會讓個人迴避。

（三）尋求資訊（information seeking）

個人可以透過各種不同管道尋求資訊，資訊尋求模式提出了自由型及限制型的尋求資訊策略，個人則可自行選擇他們認為可行的策略來尋找資訊。自由型策略主要是指個人在處理資訊時，首先蒐集可能的資訊來源，並進行分類，然後再選出可能用得著的資訊來源。限制型策略所指的資訊處理方式，是以一個單一資訊來源作為進一步尋求其他資訊的基礎。

（四）終結（closure）

至此，表示資訊尋求模式中的個人停止搜尋任何可以滿足資訊需求的時候。

資訊尋求模式

- 依據「態度一致理論」的社會心理來假設大眾會有尋求資訊、迴避資訊及處理資訊 的傾向，企圖研究人們尋求資訊的前因後果。

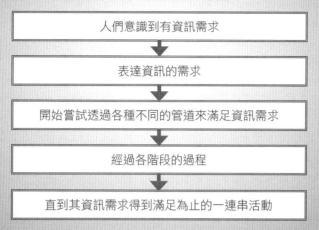

人們意識到有資訊需求

↓

表達資訊的需求

↓

開始嘗試透過各種不同的管道來滿足資訊需求

↓

經過各階段的過程

↓

直到其資訊需求得到滿足為止的一連串活動

資訊尋求模式的重要概念

印象 （image）	• 這是指個人的生活閱歷所累積的經驗，再加上個人的目標、信念及知識形成。 • 個人的自我概念（self-concept）既是形成印象的一部分，也是評價個人處理各種不同資訊能力的依據。
現實印象 （image of reality）	• 現實印象的形成是資訊編輯組成的概念，資訊使用的形式可以影響個人尋求和處理資訊的行為。 • 個人會有一種以現實的印象來處理資訊的傾向，倘若發現資訊與他對現實的印象不相同，此消息都會讓個人迴避。
尋求資訊 （information seeking）	• 個人可以透過各種不同管道尋求資訊，資訊尋求模式提出了自由型及限制型的尋求資訊策略，個人則可自行選擇他們認為可行的策略來尋找資訊。 • 自由型策略主要是指個人在處理資訊時，首先蒐集可能的資訊來源，並進行分類，然後再選出可能用得著的資訊來源。 • 限制型策略所指的資訊處理方式，是以一個單一資訊來源作為進一步尋求其他資訊的基礎。
終結 （closure）	個人停止搜尋任何可以滿足資訊需求的時候。

UNIT 7-22
議程設置（Agenda Setting）

提出人：科恩（Bernard C. Cohen, 1926-）、麥康斯（Maxwell E. McCombs, 1938-）、肖（Donald L. Shaw, 1930-），他們皆為美國傳播學者。

背　景：議程設置之假設最早由科恩在 1963 年出版的一本研究各國駐守華盛頓採訪外交事務的記者與美國外交政策的關係之著作《報紙與外交政策》（*The Press and Foreign Policy*）中提出，後來由麥康斯和肖在 1972 年發表的期刊論文〈大眾媒體的議程設置〉（The Agenda-Setting Function of Mass Media）中以實證資料證實。

意　義：議程設置是解釋媒體如何對閱聽人產生效果，指出媒體對某個議題的選擇性加強報導和持續報導，足以形成公共議題，告訴閱聽人哪些議題是重要的，進而引起閱聽人對該議題的重視。這是因為閱聽人對周遭所發生的事情的認知，大多並非親身經歷，而是經由媒體的報導才產生看法。科恩常被引述的一句名言正是：「報紙也許不能很成功地告訴人們要想什麼（what to think），但它卻能很成功地告訴人們該想些什麼（what to think about）。」

麥康斯和肖的實證研究是以 1968 年的美國總統選舉期間，北卡羅萊納州首府教堂山（Chapel Hill）尚未決定支持哪個候選人的選民為研究對象，研究地方媒體在三週內的報導如何影響選民對選舉的認知。他們用內容分析法把媒體報導的選舉議題分成三大類共 15 項，以衡量各類報導的比重，然後抽樣訪問當地 100 名尚未決定投選哪個候選人的選民，這是因為這類游離選民最易受媒體影響。

研究結果發現，選民對於最重要的選舉主題的判斷，和媒體所報導的非常一致；這揭示了讀者不但從新聞報導中獲知某一具體問題，更從新聞報導對該問題所賦予的分量和地位，獲知該問題有多重要。換言之，媒體是在為閱聽人建構一幅關於外在世界的圖像，左右他們對外在世界的認知。

這個效果，是新聞媒體憑其專業判斷，依據新聞價值衡量哪些新聞應優先刊出、以多大篇幅刊出、在哪個顯著版位刊出。諸如此類的新聞室決策，猶如在做會議議程安排。因此，它不是單一議題，而是重要議題的重要順序的安排，形成一種議程。

議程設置假設提出後，雖然引發傳播學界很大迴響，但是它也無可避免地遭到其他學者質疑。首先，假設閱聽人腦中的圖像與媒體設定的議程一致，如何證明這是媒體建構現實的能力，還是閱聽人選擇性暴露和選擇性理解的結果？其次，媒體的報導與閱聽人對議題的判斷一致，究竟是媒體影響閱聽人，抑或閱聽人影響了媒體？另一點則是關於研究對象的問題，麥康斯和肖的研究對象是舉棋不定的選民，而這類選民通常較不關注政治，也就較為依賴媒體提供意見，因此能否代表整體選民甚至閱聽人的特質，就遭質疑。

議程設置

- 解釋媒體如何對閱聽人產生效果。
- 指出媒體對某個議題的選擇性加強報導和持續報導，足以形成公共議題。
- 告訴閱聽人哪些議題是重要的，進而引起閱聽人對該議題的重視。
- 這是因為閱聽人對周遭所發生的事情的認知，大多並非親身經歷，而是經由媒體的報導才產生看法。

報紙

「報紙也許不能很成功地告訴人們要想什麼（what to think），但它卻能很成功地告訴人們該想些什麼（what to think about）。」

新聞報導

- 閱聽人從新聞報導中對獲知該問題的出現
- 該問題所賦予的分量和地位，獲知該問題有多重要。
- 媒體是在為閱聽人建構一幅關於外在世界的圖像，左右他們對外在世界的認知。

議程設置假設

閱聽人腦中的圖像與媒體設定的議程一致，如何證明這是媒體建構現實的能力，還是閱聽人選擇性暴露和選擇性理解的結果？	媒體的報導與閱聽人對議題的判斷一致，究竟是媒體影響閱聽人，抑或閱聽人影響了媒體？	關於研究對象的問題： • 研究對象是舉棋不定的選民。 • 民通常較不關注政治，也就較為依賴媒體提供意見。 • 因此能否代表整體選民甚至閱聽人的特質，就遭質疑。

UNIT 7-23
議程建構（Agenda-building）

提出人：庫爾特・朗恩（Kurt Lang, 1924-）、葛萊茲・朗恩（Gladys Engel Lang, 1919-），兩人為夫妻關係，皆為美國社會學者和傳播學者，晚期被認可為芝加哥學派其中兩個最重要的傳播社會學學者。1980 年代以降，朗恩夫婦繼續撰述媒體和政治、集體記憶和輿論方面的著作。

背　景：朗恩夫婦是在 1981 年發表的一篇論文〈水門案：議程建構過程之探索〉（Watergate: An Exploration of the Agenda-Building Process）中提出此概念，他們是在研究美國水門案期間新聞和民意的關係時，發現議程設置的概念應擴大，方可解釋美國這段複雜的歷史，因而建議將議程設置概念擴大為「議程建構」。

意　義：朗恩夫婦以水門案的民意測驗資料及報紙資料做次級分析，探討為何水門案在總統選舉前未能成為重要議題，卻在選後導致尼克森總統下臺。研究結果發現，在選舉前，水門案只是政治精英所關注的沉默議題，民眾因此事無切身關係而較不關注。然而，選舉後，由於媒體的飽和報導及相關事件接踵而來，包括知情權與政府免責權的討論，使得水門案變成民眾關注的焦點。

因此，他們將議程建構定義為「政府、媒體和民眾相互交錯影響的集體過程」，即媒體發掘及報導某些議題，使它們進入公共領域而政治化，但是由於媒體的運作並不完全獨立於政治系統之外，因此它們在水門案中逐漸趨於「飽和報導」的現象應與美國當時的政治發展交互考慮，方有意義。

議程建構過程可分為五個步驟：

1. 媒體強調某些事件、活動、團體和人物，不同事件需要不同種類和分量的報導，以引起民眾的注意，並影響民眾的思想和言談。

2. 這些引起民眾注意之事，仍得加以整理、標籤，並且與某些問題或民眾關心的事連接起來，此為「加框」工作。

3. 媒體將事件或議題與次級象徵（secondary symbols）連接起來，使其成為政治生態的一部分，也會將它變成壁壘分明的議題，以便更具爭議性。

4. 新聞媒體所使用的語言，可影響閱聽人對議題重要性的認知。

5. 發言人公開談論某事件或議題時，若能成功爭取到媒體的注意，即能主導議題方向。

議程建構的概念，較議程設置複雜。議程設置是指媒體對於新聞議題的重要性安排，影響閱聽人對相關議題的認知；議程建構則指謂社會精英的政策議程，即他們利用各種助力，同時又排除各種阻力，藉以營造媒體議題，以影響公共議題的過程。換言之，議程建構是指出，新聞媒體的議程設置過程受到外部因素影響，以致新聞工作者對相關議題的觀點和處理手法因此而改變，尤其是事關公共政策時，民意代表、財團、公民社會等力量，皆可能影響媒體的議題認知。

議程建構的定義

- 政府、媒體和民眾相互交錯影響的集體
  過程。
- 媒體發掘及報導某些議題,使它們進入
  公共領域而政治化。

議程建構過程

1. 媒體強調的事件用大幅的報導及明顯的排版,以引起民
   眾的注意,並影響民眾的思想和言談。

2. 這些引起民眾注意之事,仍得加以整理、標籤,並且與
   某些問題或民眾關心的事連接起來,此為「加框」工作。

141

3. 媒體將議題與次級象徵(secondary symbols)連接起來,
   使其成為政治生態的一部分,也會將它變成更具爭議性。

4. 新聞媒體所使用的語言,可影響閱聽人對
   議題重要性的認知。

5. 發言人公開談論某事件或議題時,若能成功爭取到媒體注意他們,即能主
   導議題方向。

議程設置		議程建構
媒體對於新聞議題的重要性安排,影響閱聽人對相關議題的認知。		社會精英的政策議程,即他們利用各種助力,同時又排除各種阻力,藉以營造媒體議題,以影響公共議題的過程。

第 8 章
傳播制度

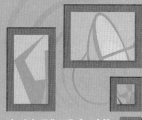

●●●●●●●●●●●●●●●●●●●●●● 章節體系架構 ▼

UNIT **8-1**
威權報業理論（**Authoritarian Theory**）

提出人：希伯特（Frederick S. Siebert, 1901-1982），美國傳播學者，曾任伊利諾伊大學新聞與傳播學院院長。

背　景：希伯特與另兩位美國傳播學者，宣偉伯（Wilbur Schramm, 1907-1987）及彼得森（Theodore Peterson, 1918-1999）在 1956 年合著出版《四個報業理論》（*Four Theories of the Press*），討論了用以概括全球報業制度的四種報業類型，威權主義報業理論是最早期的報業形態，由希伯特執筆闡述。

意　義：威權報業理論形成於 16、17 世紀，其強調國家至高無上的中心思想是受到古希臘哲學家柏拉圖及文化復興時期的政治哲學家馬基維利所影響。柏拉圖的《理想國》主張嚴格控制人民的意見，以確保國家的政治目標一致。馬基維利的《君王論》則強調統治者與君主有絕對的行使權力。威權主義維護國家利益的觀點，成了統治者採取各種極端措施控制報業的理由。

最早的大眾媒體——報業誕生在威權主義社會，因而成為國家及君主鞏固統治權的工具。報紙的新聞報導和言論必須服從於社會統一的價值觀念，並支持推進國家政策，不能質疑或挑戰統治者的絕對真理。為了確保人民絕對服從，政府必須對報業實施嚴謹的控制。

威權報業理論的中心思想如下：

1. 柏拉圖認為人性自私，平民執政會導致國家因平民的私欲而分崩離析，故而國家需由哲王以理性控制人民。

2. 國家的實質存在需要全體人民共同努力表現集體一致的意志力，因此個人意志也只能服從於國家意志罷了。

3. 公民的主要責任是做好社會一分子，因為個人的存在是為了實現國家的目標。國家有至尊無上的權力，人民不可能享有個人自由；自由僅有依附於社會才有可能實現。

4. 賢明的統治者方能領悟絕對真理，因此他們被賦予絕對的權力去行使他們認為正確的事。質疑或挑戰統治者的言論不是真理者，必須禁止。

威權報業理論控制媒體的方法如下：

1. 特許出版制度：皇室或政府規定所有出版物必須事前特許，無特許核可的任何人都不得從事出版事業。

2. 新聞檢查：新聞發布前必須先經過審查，以遏止不利於國家的內容。

3. 知識稅：統治者向傳播媒體課以知識稅，藉提高媒體的出版成本和售價，達到限制發行之目的。

4. 津貼：在知識稅的壓迫下，媒體必須依賴政府的津貼補助才能生存；然而，只有為國服務的媒體始有機會獲得津貼。

5. 嚴刑峻法：政府制定嚴苛的法律限制新聞報導和言論，報業常常自我設限以確保可以繼續營業；新聞從業員也會礙於高額罰款和顧及生命安全，不得不自我檢查。

威權報業理論

柏拉圖的《理想國》
- 主張嚴格控制人民的意見，以確保國家的政治目標一致。

馬基維利的《君王論》
- 強調統治者與君主有絕對的行使權力。

威權報業理論的中心思想 	國家	人民
	• 哲王以理性控制人民。 • 全體人民共同努力表現集體一致的意志力。 • 國家有至尊無上的權力。 • 賢明的統治者方能領悟絕對真理，因此他們被賦予絕對的權力去行使他們認為正確的事。	• 平民的私欲會導致國家分崩離析。 • 個人意志也只能服從於國家意志罷了。 • 人民不可能享有個人自由。 • 人民禁止質疑或挑戰統治者的言論。

威權報業理論控制媒體的方法

1. 特許出版制度：所有出版物必須事前特許，無特許核可的任何人都不得從事出版事業。

3. 知識稅：知識稅提高媒體的出版成本和售價，達到限制發行之目的。

5. 嚴刑峻法：政府制定嚴苛的法律限制新聞報導和言論，報業常常自我設限以確保可以繼續營業；新聞從業員也會礙於高額罰款和顧及生命安全，不得不自我檢查。

2. 新聞檢查：新聞發布前必須先經過審查，以遏止不利於國家的內容。

4. 津貼：只有為國服務的媒體始有機會獲得津貼。

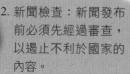

UNIT **8-2**
自由報業理論（Libertarian Theory）

提出人：希伯特（Frederick S. Siebert, 1901-1982），美國傳播學者，曾任伊利諾伊大學新聞與傳播學院院長。

背　景：希伯特與另兩位美國傳播學者，宣偉伯（Wilbur Schramm, 1907-1987）及彼得森（Theodore Peterson, 1918-1999）在 1956 年合著出版《四個報業理論》（*Four Theories of the Press*），討論了用以概括全球報業制度的四種報業類型，自由報業理論是其中一種報業形態，由希伯特執筆闡述。

意　義：威權主義的壓迫招致人民的反撲，17 世紀的人們受到洛克（John Locke）、米爾頓（John Milton）和穆勒（John Stuart Mill）等人的理想主義及天賦人權學說所倡導，追求自由平等的權利，並努力將威權報業理論轉型為自由報業理論。

自由報業理論認為，媒體的主要功能除了傳遞信息、娛樂大眾以外，有責任服務民主，協助人民發現真理及滿足大眾需求。自由報業亦應肩負監督政府之重任。

自由報業理論的中心思想如下：

1. 洛克相信人有明辨是非的理性，且人生而平等，無人可以剝奪其他人的「生命、自由和財富」，此即天賦人權。洛克強調人民應該監督政府，政府違背人民的意願時，人民有義務革命。洛克的思想對美國獨立宣言和美國憲法有顯著影響，前者強調人人平等，人民建立政府是為了保障他們的天賦人權；後者規定國會不得立法剝奪人民的言論及出版自由。由於個人是國家與社會的最重要實體，國家與社會應該保障個人的權利，而大眾媒體就是提倡和監督個人權利之實施與維護的最佳機關。為了有效執行監督任務，大眾媒體必須不受政府控制。

2. 米爾頓的《論出版自由》（*Areopagitica*）（1644）批評威權主義壓抑個人意志，打壓言論自由。基於認定真理越辯越明，米爾頓提出所謂「意見自由市場」之概念，主張人人都有表達意見的權利，意見的是非對錯將會受到自由言論空間的考驗；經過各種意見的交流，最終真理會浮現。

3. 穆勒的《論自由》（*On Liberty*）（1859/1956）認為言論自由很重要，人民不應該質疑自己本身的看法，反之應該不吝提出自己的意見才是上策；即使意見有不實之處，也有引導真理出現的價值。即便是已為人所接受的真理，亦應經常接受考驗，方可確保真理的適時性與確實性。

自由報業理論控制媒體的方法如下：

1. 意見自由市場：只要有言論自由讓多元的意見發聲，人民就可以從多元意見中分辨真偽，因為真理有自我矯正的機能。

2. 司法系統：如果媒體濫用新聞自由，人民會以法律途徑制裁該媒體。

自由報業的主要功能

- 傳遞訊息
- 娛樂大眾
- 服務民主
- 發掘真理
- 滿足大眾需求
- 監督政府

自由報業理論的中心思想		
洛克	人	• 有理性。 • 生而平等。 • 有天賦人權。
	政府	• 保障人民的天賦人權。 • 不得立法剝奪人民的言論及出版自由。
	大眾媒體	• 監督政府。 • 必須不受政府控制。
米爾頓的《論出版自由》 （*Areopagi-tica*） （1644）	**意見自由市場：** • 主張人人都有表達意見的權利，意見的是非對錯將會受到自由言論空間的考驗。 • 經過各種意見的交流，最終真理會浮現。	
穆勒的《論自由》 （*On Liberty*） （1859/1956）	• 人民應該不吝提出自己的意見。 • 即使意見有不實之處，也有引導真理出現的價值。 • 即便是已為人所接受的真理，亦應經常接受考驗，方可確保真理的適時性與確實性。。	

意見自由市場

• 人民就可以從多元意見中分辨真偽，因為真理有自我矯正的機能。

自由報業理論控制媒體的方法

司法系統

• 法律途徑制裁濫用新聞自由的媒體。

UNIT 8-3
社會責任報業理論（Social Responsibility Theory）

提出人：彼得森（Theodore Peterson, 1918-1999），美國傳播學者，曾任教於伊利諾伊大學新聞與傳播學院。

背　景：彼得森與另兩位美國傳播學者，宣偉伯（Wilbur Schramm, 1907-1987）及希伯特（Frederick S. Siebert, 1901-1982）在 1956 年合著出版《四個報業理論》（*Four Theories of the Press*），討論了用以概括全球報業制度的四種報業類型，社會責任報業理論是其中一種理想的報業形態，由彼得森執筆闡述。

意　義：自由主義報業理論未能讓媒體脫離資本和政權的控制，媒體所有權集中在少數資本家手上，其存在是為了商業營利。另一方面，人們也沒有像自由主義描述般的理性，不可能完全明辨是非真理。基於自由主義報業的種種弊端，美國新聞自由委員會在 1947 年率先倡導「社會責任報業理論」。

美國新聞自由委員會出版的《自由而負責的報業》（*Free and Responsible Press*）提出「社會責任報業理論」之主張後，引起歐洲各國報業的改革風潮。英國在 1953 年成立「報業評議會」（The General Council of the Press）之後，其他國家也相繼成立監督媒體的相關機構。

社會責任報業理論的中心思想如下：

1. 媒體要享有自由傳播的權利，就必須有新聞自律，因為自由的特權來自媒體有服務民主、協助人民發現真理及滿足大眾需求之義務。

2. 新聞自由委員會認為，媒體必須對本身的職責負責，新聞報導內容必須確實，報導具有社會意義的課題。倘若媒體不能以社會責任為規範，政府應該以法律制裁，或由政府接管媒體，以保障具有社會功能的新聞自由。

社會責任報業理論評估媒體表現的標準如下：

1. 媒體應該客觀公正地報導新聞，內容確實、平衡，沒有扭曲與偏差，並儘量避免摻入個人意見。新聞自由委員會認為，媒體除了對事件有全盤報導之外，有義務提供深入分析，進而引導讀者自己去作新聞事件判斷和省思。

2. 現代媒體所有權集中於少數資本家手中，意見日益同質化。媒體除了表達對事件的立場之外，也應該報導其他不同的意見，讓讀者參考各種不同的立場，才是新聞自由的表現。媒體業主不能像經營一般營利機構那樣經營媒體，因為媒體有義務服務社會大眾，所以其運作不能只為了業主的個人利益，而是為社會公益。媒體的言論空間屬於公眾，而不是媒體業主個人。

3. 在多元社會中，媒體有必要扮演中間人角色，以讓各種不同的團體享有意見交流的可能性。

4. 媒體有責任倡導新穎且有意義的社會價值和目標。

5. 媒體必須保障人民的知情權，新聞內容有必要提供全盤的報導。

報業理論的發展			
情境	• 平民的私欲會導致國家分崩離析。	• 人民不能享有個人的言論及出版自由。	• 媒體所有權集中在少數為了商業營利的資本家手上。 • 人們不可能完全明辨是非真理。
處理方式	• 嚴格控制人民的意見,以確保國家的政治目標一致。	• 追求自由平等的權利。	• 新聞自律。 • 媒體以社會責任為規範。
報業理論的出現	威權報業理論	自由報業理論	社會責任報業理論

社會責任報業理論的中心思想

1. 媒體要享有自由傳播的權利,就必須有新聞自律。

2. 媒體必須對本身的職責負責,新聞報導內容必須確實,報導具有社會意義的課題。

社會責任報業理論的評估標準

1. 客觀公正地報導新聞。

2. 報導各種不同的立場。

3. 讓各種不同的團體有意見交流的可能性。

4. 倡導新穎且有意義的社會價值和目標。

5. 保障人民的知情權。

UNIT 8-4
共產主義報業理論（Soviet Communist Theory）

提出人：宣偉伯（Wilbur Schramm, 1907-1987），美國傳播學的主要奠基人和集大成者，被譽為「傳播學之父」。

背　景：宣偉伯與另兩位美國傳播學者，希伯特（Frederick S. Siebert, 1901-1982）及彼得森（Theodore Peterson, 1918-1999）在 1956 年合著出版《四個報業理論》（*Four Theories of the Press*），討論了用以概括全球報業制度的四種報業類型；共產主義報業理論是其中之一，由宣偉伯執筆闡述。

意　義：共產主義報業理論延伸自馬克思（Karl Marx, 1818-1883）的思想基礎。馬克思理論融合了黑格爾的辯證法並強調階級鬥爭，指出自由開放的資本主義擴大了社會的不公平，導致貧富懸殊的問題越來越多。雖然馬克思從未直接具體地評述大眾傳播的生態，但就其思維脈絡來看，只要是資本家所擁有和控制的大眾媒體，都無法公平地為勞工階級發聲。人民要得到真正的新聞自由，就必須從資本家手中奪回並控制生產工具，建立一個能為勞動階級發聲的無產階級新社會。

列寧承襲馬克思的中心思想，認為報紙是鼓吹革命的建國工具，並強調報紙是「集體的宣傳者、鼓動者和組織者」。共產主義報業理論的中心思想如下：

1. 媒體是共產黨的統治工具，訊息的傳播必須有利於黨的建設。
2. 媒體直接由政府擁有及控制，以便媒體的運作和管理可以配合政府政策。
3. 媒體對於政府蒐集黨內意見及政策評估有莫大助益，而且媒體有協助凝聚黨內部力量之功能。
4. 媒體在國際政治上是扮演著對外國宣傳共產主義的重要工具。
5. 媒體的言論必須以政府的官方立場為依歸，任何與政府觀點不一致的言論都需要承擔責任。

共產主義報業理論主張政府以積極姿態介入媒體，不只是控制媒體，而是直接擁有媒體。而且，除了宣稱維護人民的福利以外，媒體更要對全世界推廣共產主義。概括而言，共產主義報業理論的「新聞自由」特性如下：

1. 共產主義認為媒體不可能有絕對獨立、客觀的報導，在自由放任的市場里，媒體最終還是會被資本家所操縱。
2. 新聞自由應該以人民為出發點，而不是為了商業利益。由於共產黨的最終目標是謀求人民的福祉，因此媒體的新聞自由的幅度應該是局限在黨的規範內。
3. 新聞自由必須能強化共產主義的社會建設，因此新聞報導不能違反政策，更不能批評和反對政府。
4. 一個真正能為人民發聲的媒體，必須是由人民所擁有。媒體通常會在言論上擁護業主的立場，因此由人民所擁有的媒體總比少數資本家所擁有的媒體來得多元和享有新聞自由。
5. 媒體要有新聞自由，就必須負起責任為維護人民利益，建設社會，不能自我放縱。

馬克思（Karl Marx, 1818-1883）的思想基礎

- 資本家所擁有和控制的大眾媒體，都無法公平地為勞工階級發聲。
- 人民要得到真正的新聞自由，就必須從資本家手中奪回並控制生產工具，建立一個能為勞動階級發聲的無產階級新社會。

1. 媒體是共產黨的統治工具。

2. 媒體直接由政府擁有及控制。

3. 媒體有助於政府蒐集黨內意見及政策評估。

4. 媒體需要對外國宣傳共產主義。

5. 媒體的言論必須以政府的立場為依歸。

共產主義報業理論的中心思想

共產主義報業理論「新聞自由」的特性	
1. 媒體沒有絕對客觀的報導。	• 自由市場裡，媒體只會被資本家所操縱。
2. 新聞自由以人民為主。	• 新聞自由的幅度應局限在以人民為主的黨規範內。
3. 新聞自由必須能強化共產主義的社會建設。	• 新聞報導不能違反政策，和批評政府。
4. 真正能為人民發聲的媒體。	• 媒體必須是由人民所擁有。
5. 媒體有責任維護人民利益，建設社會。	• 媒體不能自我放縱。

第 **9** 章

國際傳播

● 章節體系架構 ▼

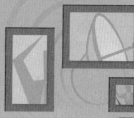

UNIT **9-1**
傳播與發展典範（Communication and Development Paradiam）

154

提出人：勒能（Daniel Lerner, 1917-1980），美國社會學教授，曾任心理作戰部總編輯。宣偉伯（Wilbur Schramm, 1907-1987），曾任美國愛荷華大學新聞學院院長，並先後創辦了四個傳播學研究機構，是美國傳播學的主要奠基人和集大成者，被譽為「傳播學之父」。

背景：1950-1960年代，亞非拉許多殖民地國家紛紛獨立，這些以農立國的新國家無不致力於追求建國富強之道，經濟發展幾乎成了國家建設與發展的同義詞，而如何善用媒體促進國家發展，則成了聯合國教科文組織及學者為第三世界國家擬定發展計畫時的其中一個主要議題。

意義：勒能及宣偉伯是「傳播與發展」典範的兩個代表性人物。勒能在1958年做了關於中東六國發展狀況的指標性實證研究後，認為工業化會提高國家的都市化，進而提升人民的識字率，使得他們的媒體使用能力相應提高，並因此能參與政治和經濟活動。在此過程中，媒體對於發展的正面報導，能激勵人民產生一種跳脫原有社會地位和角色、想像工業化進步社會生活方式的「心智狀態」；這種「移情能力」（empathy）是使落後農業國家進步到現代化工業國家的重要心理特質。媒體因此被描繪成「移動繁衍器」（mobility multiplier）、「神奇繁衍器」（magic multiplier），被看成是一種可營造發展氣氛和傳布創新思維，並帶來經濟發展之工具。

宣偉伯在1964年出版的代表作《大眾媒體與國家發展》中開宗明義地寫道：「媒體能發揮有效的報導和通傳，我們可以充滿信心地說，它們能夠提供發展中國家所需的重要服務。」他認為，媒體可以發揮下列功能以利國家發展：(1)開拓人民的視野，憧憬未來生活景象；(2)加強公共宣導，以利人民了解政府的發展政策；(3)凝聚人民對於攜手推動國家發展之共識；(4)提高抱負水平，以期改善原有生活品質；(5)擴大政治溝通，以制訂完善的公共政策；(6)樹立供人民遵守之社會規範；(7)營造提升大眾文化品質之文化品味；(8)配合人際管道加強傳播效益；(9)改變人民的某些態度。

「傳播與發展典範」曾風靡學界，甚至被第三世界國家的領導人奉為圭臬，甚至不惜採行各種手段從嚴管制媒體，以致這些在西方國家被視為「第四權」的社會公器，在第三世界及後殖民國家卻為國家所用，成為宣傳國家發展政策的喉舌，甚至淪為執政黨的工具。這些國家的媒體因而被稱為執行「發展新聞學」（development journalism）或「發展型媒體」（developmental media）。

不過，「傳播與發展」典範的思維業已遭到學界摒棄或重新評估。因為它不但是以西方尤其是美國的國家發展歷程和經驗作為理論依據，而且其追求之「發展」目標並沒有獲得多大的成就，甚至其隱含之目的也越來越招致懷疑。

傳播與發展典範

- 媒體對於發展的正面報導，能激勵人民產生一種跳脫原有社會地位和角色、想像工業化進步社會生活方式的「心智狀態」。
- 這種「移情能力」（empathy）是使落後農業國家進步到現代化工業國家的重要心理特質。

媒體

移動繁衍器
（mobility multiplier）

神奇繁衍器
（magic multiplier）

一種可營造發展氣氛和傳布創新思維，並帶來經濟發展之工具

155

媒體利於國家發展的功能

1. 開拓人民的視野，憧憬未來生活景象。

2. 加強公共宣導，以利人民了解政府的發展政策。

3. 凝聚人民對於攜手推動國家發展之共識。

4. 提高抱負水平，以期改善原有生活品質。

5. 擴大政治溝通，以制訂完善的公共政策

6. 樹立供人民遵守之社會規範。

7. 營造提升大眾文化品質之文化品味。

8. 配合人際管道加強傳播效益。

9. 改變人民的某些態度。

UNIT 9-2
文化帝國主義（Cultural Imperialism）

提出人：許勒（Herbert Schiller, 1919-2000），美國加州聖地亞哥分校傳播學院創始人、榮譽教授。他是北美傳播政治經濟學取向的第一代人物，致力於批判資本主義傳播體系造成的不平等。

背　景：許勒是在 1969 年的成名經典作品《大眾傳播與美利堅帝國》（*Mass Communications and American Empire*）一書中率先提出「文化帝國主義」的命題。他蒐集大量證據佐證其論點，矛頭直指美國傳播媒體與政經軍事複合體，面市後引發長期激烈爭議。此後他又出版一系列著作深化此理論，包括 1976 年出版的《傳播與文化支配》（*Communication and Cultural Domination*）及 2000 年辭世後面市的《生活在頭號國家：一個美利堅帝國批判者的反思》（*Living in the Number One Country: Reflections from a Critic of American Empire*）。

意　義：許勒為「文化帝國主義」所下之定義為：「一個社會如何被引入現代世界系統，占優勢的上層階級受到威脅利誘，其所鑄造的社會機構，迎合甚至推廣了世界系統的權力中心之價值、結構，這些過程加起來的綜合便是文化帝國主義。」用於大眾傳播方面，許勒的「文化帝國主義」理論意指西方國家主宰世界各地的媒體，進而通過強加西方觀點、摧毀第三世界國家的在地文化之手段，對第三世界文化產生巨大影響力。

在《大眾傳播與美利堅帝國》一書中，許勒指出，美國出口的電影、音樂和其他媒體產品壟斷世界大部分市場的現象，例如：(1) 美國的通訊社幾乎控制了全球大部分資訊，對第三世界國家有偏見、報導負面的訊息；(2) 好萊塢電影工業超過一半以上的利潤來自海外市場，影片充斥著美國的文化觀念，阻礙第三世界國家的國片和文化的發展。而且，由於美國的媒體產品製作精美，其他國家的人們很難抗拒，結果西方控制的跨國大眾媒體就會取代在地民族文化。這種文化侵略現象彷如早期殖民者掠奪殖民地國家的天然資源以致富一樣。

因此，他主張第三世界國家應有選擇地輸入西方的傳播科技，並採用全國性兼社會主義式的計畫從嚴控制民間的社會經濟生活，進而對歷史文化提出反面解釋，對抗資本主義的侵略。

許勒在其遺著《生活在頭號國家：一個美利堅帝國批判者的反思》中，回溯美國如何通過虛偽地聲稱維護國際資訊自由流通原則，以及大力資助新技術的研究與開發等手段，支持媒體企業在海外推銷產品的歷程，並且指出當代美國社會的資訊機器支撐美國在海外冒險的途徑和方式。

文化帝國主義定義

- 社會被引入世界系統的權力中心之價值、結構。
- 西方國家主宰世界各地的媒體，西方觀點摧毀第三世界國家的在地文化。

美國的電影、音樂和其他媒體產品 ➲ 壟斷世界大部分的市場

美國的通訊社

➲ 控制了全球大部分資訊，對第三世界國家有偏見，報導負面的訊息。

美國的好萊塢電影工業

➲ 超過一半以上的利潤來自海外市場，影片充斥著美國的文化觀念，阻礙第三世界國家的國片和文化的發展。

157

第三世界國家如何對抗文化帝國主義？

- 應有選擇地輸入西方的傳播科技。
- 採用全國性兼社會主義式的計畫，從嚴控制民間的社會經濟生活。
- 對歷史文化提出反面解釋。
- 對抗資本主義的侵略。

UNIT 9-3
媒體依賴理論（Media Dependency Theory）

提出人：狄弗（Melvin Lawrence DeFleur, 1923- ），美國傳播學教授，曾在多所大學的傳播學院系任職；伯羅契（Sandra Ball-Rokeach, 1941- ），美國南加州大學安南堡傳播與新聞學院教授。

背景：狄弗與伯羅契最初是在1976 年發表於《傳播學研究》期刊的論文〈大眾媒體效果的依賴模式〉（A Dependency Model of Mass Media Effects）裡提出此理論，主要在探討為何媒體對不同人有著不同的影響。

意義：「媒體依賴理論」和使用與滿足理論之基本核心思想堪稱一脈相承，同時又與議程設置理論掛鉤。此理論認定人們依賴媒體提供的資訊去滿足他們的需求，進而實現他們的目標；因此一個人越是依賴媒體來滿足他的需求，媒體對他就越是不可或缺，也會對他產生更大影響力。如此一來，倘若某人十分依賴媒體汲取資訊，甚至媒體是他唯一的消息來源，他就極易成為媒體議程設置的受害者。

有別於使用與滿足理論的是，「媒體依賴理論」將傳播效果置於更大的社會系統中考察，把社會體系細分為社會、媒體及閱聽人三個次體系，因此它又稱為「閱聽人－媒體－社會的三角關係」（The tripartite of audience-media-society relationship）。這三個次體系各有自己的行動目標和資源，但又彼此相互依賴，共同建構起大眾傳播社會之形貌。

1. 從社會次體系而言，當一個社會體系日益複雜時，閱聽人勢必越來越依賴大眾媒體獲取所需訊息。
2. 從媒體次體系而言，媒體會隨著社會體系之發展而愈加發達，有能力提供更多、更快且品質更佳的資訊，而且閱聽人亦可隨時取用最新、最快且最準確的訊息，使得他們更加依賴媒體。
3. 從閱聽人次體系而言，他們的需求、喜好和品味隨著社會的進步而日益多元，各種小眾媒體將因應市場需求而誕生和發達，提供琳琅滿目的資訊和節目類型，使得閱聽人可輕易獲取所需資訊，自然愈加依賴媒體。

不過，媒體依賴關係並非一成不變，其變化雖然牽涉眾多因素，但各種因素對於此變化的影響力不一，狄弗稱之為「水波紋效應」（ripple effect）。

伯羅契曾在 1984 年進行了媒體依賴理論的實證研究，以媒體依賴這個變量預測人們對媒體內容的選擇性接觸，以及它對政治理念和行為的長期影響。結果顯示，媒體會影響目標對象的態度和行為，而越是依賴媒體內容的人，所受之影響越大。

媒體依賴理論面對的批評指出它預測媒體依賴與媒體的重要性和影響力息息相關，然而，每個人使用媒體的方式都大異其趣，而且媒體對每個人的影響方式也不同。

158

媒體依賴理論定義

一個人越依賴媒體滿足他的需求，媒體對他就越是重要，也會對他產生更大影響力。

媒體依賴理論模式圖

➤ 「閱聽人－媒體－社會的三角關係」。
➤ 它們相互依賴，共同建構起大眾傳播社會之形貌。

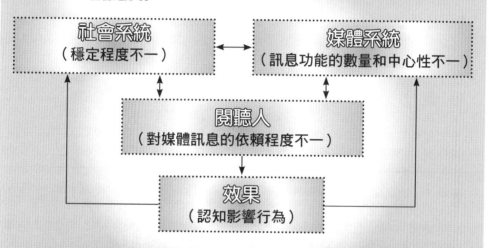

社會系統
（穩定程度不一）

媒體系統
（訊息功能的數量和中心性不一）

閱聽人
（對媒體訊息的依賴程度不一）

效果
（認知影響行為）

社會次體系	社會體系日益複雜 ↑ 閱聽人依賴大眾媒體 ↑
媒體次體系	媒體發達 ↑ 閱聽人依賴大眾媒體 ↑
閱聽人次體系	他們的需求、喜好和品味隨著社會的進步而日益多元 ↑ 閱聽人依賴大眾媒體 ↑

「水波紋效應」
（ripple effect）

媒體依賴關係的變化率涉眾多因素，各種因素對於媒體變化的影響力都不同。

UNIT **9-4**
世界資訊與傳播新秩序
(New World Information and Communication Order)。

提出人：(1) 不結盟運動（Non-Aligned Movement），這是 118 個國家 1961 年 9 月成立的鬆散的國際組織，提出奉行獨立、自主和非集團的宗旨和原則、國際關係民主化和建立國際政治經濟新秩序等主張；(2) 麥克布萊德委員會（MacBride Commission），全名為「國際傳播問題研究委員會」，由聯合國教科文組織（UNESCO）在 1977 年成立，主席為愛爾蘭籍的麥克布萊德（Seán MacBride, 1904-1988），另有 15 國代表組成。

背　景：各地獨立不久的前殖民地國家認為，全球新聞資訊流通持續存在不均衡現象，發展中國家的重大事故極少獲得國際關注，或是遭到西方媒體扭曲；於是關於建立世界資訊與傳播新秩序的辯論，成了 1970 年代中期至 1980 年代初期聯合國教科文組織的主要議題。不結盟運動在 1973 年和 1976 年的會議都關切媒體議題，「新秩序」方案的文本乃由突尼西亞的新聞部長在提呈給麥克布萊德委員會的工作報告中提出。

意　義：麥克布萊德委員會費時三年研究全球資訊基礎結構和傳播資源後，在 1980 年 4 月發表題為《多種聲音，一個世界》（*Many Voices, One World*），又稱《麥克布萊德報告》（*MacBride Report*），正式提出了「世界資訊與傳播新秩序」的核心理念。

《麥克布萊德報告》共分七個部分，提出了 82 項建議，要點包括：

1. 加強資訊傳播的獨立自主性：為縮小國際傳播差距創造良好的政策環境；指導發展中國家採取措施加強自主傳播能力，發展中國家的投資重點應該放在人民對教育的基本需求上；發展中國家如何應對來自紙張供應、關稅結構、電磁頻譜等挑戰。

2. 社會效果和新的任務：將傳播政策納入國家發展的戰略中；面對技術方面的挑戰，根據社會效果進行決策；加強各個社會中的文化認同，防止文化霸權；減少商業化對傳播的影響；減少技術資訊的壁壘和壟斷，促進資訊技術的獲得。

3. 職業道德和規範：提高新聞記者的責任感；提高國際報道水平，力求全面、客觀，以及對新聞記者的保護。

4. 傳播民主化：全面保護人權，特別是資訊方面的權利；消除阻礙傳播的障礙與限制；傳播內容的多樣化和可選擇性；加強整合與合作。

5. 鼓勵國際間合作：傳播的國際間合作是發展的夥伴；促進合作以加強傳播的集體自主；加強國際組織和國際機制傳播方面的作用；通過媒體傳播促進國際間的相互理解。

《麥克布萊德報告》在第 21 屆聯合國大會獲得一致接納，但美國批評《麥克布萊德報告》對資訊自由流通和美國媒體設置壁壘，並指出該報告質疑私營傳播的角色和主張由政府機構掌握媒體，將造成嚴重的訊息審查，危害新聞自由。為此，美國在 1984 年退出聯合國教科文組織，2003 年才重新加入。

全球新聞資訊流通持續存在不均衡現象，發展中國家的重大事故極少獲得國際關注，或是遭到西方媒體扭曲。

世界資訊與傳播新秩序

麥克布萊德委員會
- 全名為「國際傳播問題研究委員會」。
- 由聯合國教科文組織（UNESCO）在 1977 年成立。
- 主席為愛爾蘭籍的麥克布萊德（Seán MacBride, 1904-1988）。
- 另有 15 國代表組成。

世界資訊與傳播新秩序
- 1980 年 4 月發表。
- 題為《多種聲音，一個世界》（*Many Voices, One World*），又稱《麥克布萊德報告》（*MacBride Report*）。
- 報告提出 82 項建議。

「世界資訊與傳播新秩序」的核心要點

1. 加強資訊傳播的獨立自主性	• 創造良好的政策環境 ➡ 縮小國際傳播差距。 • 投資人民教育 ➡ 加強自主傳播能力。 • 發展中國家如何應對來自紙張供應、關稅結構、電磁頻譜等挑戰。
2. 社會效果和新的任務	• 傳播政策納入國家發展的戰略中。 • 傳播技術根據社會效果進行決策。 • 加強各個社會中的文化認同，防止文化霸權。 • 減少商業化的影響。 • 減少技術資訊的壁壘和壟斷。
3. 職業道德和規範	• 提高新聞記者的責任感。 • 提高國際報導水平。
4. 傳播民主化	• 全面保護人權。 • 消除傳播的障礙與限制。 • 傳播內容的多樣化。
5. 鼓勵國際間合作	• 鼓勵國際間合作。 • 加強傳播的集體自主。 • 加強國際組織和國際機制的傳播作用。 • 通過媒體促進國際間的相互理解。

第 **10** 章
傳播典範研究

●●●●●●●●●●●●●●●●●●●●●● 章節體系架構

UNIT 10-1
文化霸權（Hegemony）

圖解傳播理論

提出人：葛蘭西（Antonio Gramsci, 1891-1937），他是義大利的馬克思主義哲學家、義大利共產黨創黨人之一，1922 年當選共產國際執委會書記處書記、1923 年獲共產國際任命為義大利共產黨總書記。1928 年遭義大利獨裁者墨索里尼政權逮捕及判刑 20 年 8 個月，1934 年獲有條件釋放，1937 年 4 月 27 日因腦溢血辭世。

背　景：葛蘭西最早提出文化霸權概念，是在他於 1926 年所寫的《南方問題札記》裡，當時意指列寧式的「無產階級文化霸權」，意即無產階級對農民的領導權。據說墨索里尼監禁葛蘭西，矢言「要讓這個腦袋停止運作 20 年」，但是身陷囹圄的葛蘭西並沒閒著，而是不斷思索革命為何持續挫敗，並且寫下 32 冊的《獄中札記》（Prison's Notebook），完成了關於「文化霸權」理論的論述，文化霸權才進一步發展成為政治領導及知識與道德領導的堅固結合，用來思考統治階級整體上的實踐。

意　義：「文化霸權」是指統治階級成功和生存的基礎，葛蘭西認為，一個社會階級的霸權地位表現在兩方面：一是「宰制」（domination），意指以武力去征服敵對集團；二是對同類和同盟集團施以「知識與道德的領導權」。這裡所謂的「領導權」，是建立在被統治者對統治者之道德、政治與文化價值觀產生「積極同意」（active consent），才算建立了擴張性文化霸權（expansive hegemony）。喪失這種同意，意味著被統治者脫離了傳統意識形態，不再相信以往所相信的東西，統治階級就不再領導，只是行使高壓武力去支配，這樣的統治便將岌岌可危。

換言之，文化霸權說明了大眾和社會領導群體之間的關係不只是狹義的政治關係，也是觀念與意識的問題。所謂「積極同意」，是一種必須加以經營的「有組織的同意」（organised consent）；因此，文化霸權的關係必然是一種調教（pedagogic）關係，國家必須同時執行調教的職能，用這種同意的精神去「調教」公民。這種調教又是通過許多中介機構進行的「大規模的教化過程」，是「一種持久而不斷滲透的努力」。學校是執行「調教」工作的最重要部門，但還有其他不同的「霸權工具」如教會、媒體，甚至建築式樣和街道的名稱，都能使統治階級證明且維持其支配。

按照葛蘭西的文化霸權理論，大眾媒體對於幫助統治階級營造一種隱形且微妙的權力形式發揮重要作用，但是有別於傳統馬克思主義的是，葛蘭西的文化霸權理論強調了主體的重要性，大眾媒體的受眾不再只是被動地成為支配性意識形態的囚徒。反之，由於文化霸權並非一蹴而成及一勞永逸，而是得持續地建構與解構的過程，與統治階級對立的階級，仍有可能建構本身的文化霸權，以對統治階級的文化霸權取而代之。

知識與道德的領導權

經過統治者加以經營，被統治者對統治者的道德、政治與文化價值觀都深深的認同，而這種認同是「有組織的同意」。

如果被統治者沒有認同統治者，統治階級就不再領導。

「宰制」

統治者以高壓武力去征服及支配被統治者。

文化霸權

- 是一種調教（pedagogic）關係，國家必須同時執行調教的職能，用這種同意的精神去「調教」公民。
- 「一種持久而不斷滲透的努力」。
- 「霸權工具」如學校、教會、媒體，甚至建築式樣和街道的名稱，都能使統治階級證明且維持其支配。

大眾媒體

- 為統治階級營造一種隱形且微妙的權力形式。
- 另外，受眾也有可能建構本身的文化霸權，以對統治階級的文化霸權取而代之。

UNIT 10-2
公共論域（Public Sphere）

提出人：哈伯瑪斯（Jurgen Habermas, 1929-），他是德國法蘭克福學派第三代的代表人物，在 1960 年代已被譽為當代西德最傑出和最有影響力的思想家。哈伯瑪斯於 1983-1994 年出任法蘭克福大學哲學及社會學教授，1994 年退休後仍然從事研究、著述和學術政治活動。

背　景：哈伯瑪斯在 1961 年憑著詳盡敘述「資產階級公共論域」的論文《公共領域的結構轉型》獲得教授資格。這是哈伯瑪斯迄今為止唯一一部討論大眾媒體的完整著作，也是近代最有系統地討論「公共論域」的一部著作。其德文版早在 1962 年已面市，但英文版遲至 1989 年才在英國出版。

意　義：哈伯瑪斯所說的「公共論域」，是指公民有相等的機會自由地表達與溝通意見，進而形成輿論的社會生活空間；在此空間裡，人們是以私人身分參與討論、批評國家大事和攸關公眾利益的公共事務。這種政治公共論域是從文學公共論域中產生出來，並且以公共輿論為媒介調節國家和社會的需求，對公共事務的批判性討論在此得到建制化的保障，形成監督國家權力及影響公共決策的「輿論」。公共論域的「公共性」體現在兩方面：（1）批判功能，指資產階級因關心與切身商業利益和權利息息相關的公共及公開議題，站在理性的立場辯解對公共生活權力的合理對待；（2）言說論辯，指語言不受到公共權威的干擾，把言論的發言交付公眾去處理，例如出版、結社、聚會等。

哈伯瑪斯討論了公共論域經歷三個階段的轉型：

1. 17-18 世紀的歐洲，資本主義快速發展催生了「資產階級公共論域」，包含「藝文論域」和「報紙論壇」。

2. 自由主義報業，經由憲法保障自由表達意見的權利，限制國家權力介入私人領域，使得人們在免於政治社會壓力下自由溝通和理性討論，將資產階級社會的需要轉達給國家。

3. 商業主義報業，現代國家體制逐漸形成與穩定之後，報業從極端對立轉變為追求商業利益的營利事業，報業原有的公共論域特質在此時逐漸消弭。

對於第三階段的發展，哈伯瑪斯特別指出，廣告與公關的結合日趨顯著，操縱民意之作為亦日漸徹底，造成公共論域消弭，而另一方面，既得利益團體的政治影響力卻倍增，造成公共論域「再封建化」（refeudalisation）。

公共論域這一範疇的發展是建制化與社會變遷的重大動力，它一部分是針對專制統治權力做抵抗，一部分是以理性和批判進行世界觀的自我改造運動。但是，在公共論域形成的意見，必須經過廣泛及公開的辯論，進而得到社會成員普遍地承認為共同意見之後，才可稱之為公共輿論。所以，公共論域的勃興，有賴於參與者享有平等參與的權利，以及不受干預的言論自由。

公共論域

- 公民有相等的機會自由地表達與溝通意見。
- 公民以私人身分批評國家大事和攸關公眾利益的公共事務。
  → 形成監督國家權力及影響公共決策的「輿論」。

公共論域的三個轉型階段	
1. 資產階級公共論域	• 資本主義快速發展而產生。 • 例如:「藝文論域」和「報紙論壇」。
2. 自由主義報業	• 憲法保障自由表達意見的權利。 • 人們將資產階級社會的需要轉達給國家。
3. 商業主義報業	• 現代國家體制穩定後,報業變為追求商業利益的營利事業。 • 報業原有的公共論域特質在此時逐漸消弭。

公共論域

- 建制化與社會變遷的重大動力:
  - 一部分是針對專制統治權力做抵抗。
  - 一部分是以理性和批判進行世界觀的自我改造運動。
- 公共論域形成的意見,必須經過廣泛及公開的辯論,進而得到社會成員普遍地認同之後,才可稱之為公共輿論。
- 公共論域的勃興,有賴於參與者享有平等參與的權利,以及不受干預的言論自由。

UNIT 10-3
現代化理論（Modernization Theory）

提出人：帕森斯（Talcott Parsons, 1902-1979），美國社會學家，是結構功能主義的代表人物，他總結前人的行動理論而提出意志論行動理論。他曾任教於哈佛大學，在 1950 年代完成一系列著作和學術論文，為現代化理論奠定初步基礎。

背景：現代化理論是第二次世界大戰結束後興起的思想與研究，研究對象是西方發達國家眼中「落後」的第三世界農業國家，其最鼎盛的時期是在 1950 年代末至 1960 年代，在社會學、經濟學、政治學都有影響力，但是隨後遭到各種各樣的批評，在 1970 年代開始式微。

意義：「現代化理論」申論的是十分廣泛的現代化過程的問題，其主張可歸納為三點，最主要的一點是「傳統－現代二分法」，即根據某種特定標準將歷史上曾經出現的社會或當今世界的所有國家劃分為「傳統」和「現代」兩種類型；所謂「現代化」就是指謂傳統社會轉型為現代社會的過程。

帕森斯提出，有五組模式變項可描述傳統社會與現代社會的區別，即：情感性與非情感性、特殊性與普遍性、先賦性與自致性、集體取向與個人取向，意即擴散性與專一性。前者代表傳統社會的極端模式，後者代表著現代社會的極端模式。他認為，任何一個社會的行為模式和社會關係都兼含傳統和現

代，但是隨著社會生活的現代化，非情感性、個人取向、自致性、專一性和普遍性原則將越來越占據支配地位，傳統社會隨之轉型為現代社會。

現代化理論的第二個主張是提出社會發展內因論，認為社會發展與現代化的主要動力源自內部，發展中國家之所以「落後」，皆因其社會之傳統文化與價值觀等內部障礙造成。一眾現代化理論家做了大量的理論與經驗的研究，論證這種主張。

現代化理論的第三種主張，是認定技術和工業化在社會現代化過程中發揮決定性作用，並因而假設在發展中國家的發展過程中，將不可避免地越來越趨同，具有當今現代社會的特徵，包括：工業市場經濟、持續的經濟增長、大規模的科層組織、較高的識字率、正規教育的普及、較低的不平等程度、社會流動的增加、較低的人口出生率、城市化、宗教影響力的衰落、能適應變遷的結構、現代的價值系統等等。

現代化理論面對的主要批評是環繞在傳統－現代二分法的缺點，包括：此二分法武斷地割裂了傳統與現代之間的有機聯繫，在兩者間設置了不可逾越的鴻溝；而且這種二分法把西方（現代化）國家與非西方（非現代化）國家的差異歸納出來，再下定論，因而含有濃厚的西方種族中心主義的色彩。

現代化理論

傳統－現代二分法
- 現代化原則將越來越占據支配地位。
- 傳統社會隨之轉型為現代社會。

社會發展內因論
- 現代化的主要動力源自內部。
- 現代化的主要動力源自傳統文化與價值觀等內部障礙。

技術和工業化
- 發展中國家的發展將不可避免地越來越趨同。

傳統社會的極端模式	現代社會的極端模式
• 情感性	• 非情感性
• 特殊性	• 普遍性
• 先賦性	• 自致性
• 集體取向	• 個人取向
• 擴散性	• 專一性

現代社會的特徵

- 工業市場經濟
- 持續的經濟增長
- 大規模的科層組織
- 較高的識字率
- 正規教育的普及
- 較低的不平等程度
- 社會流動的增加
- 較低的人口出生率
- 城市化
- 宗教影響力的衰落
- 能適應變遷的結構
- 現代的價值系統等等

現代化理論的缺點
- 二分法武斷地割裂了傳統與現代之間的有機聯繫，在兩者間設置了不可逾越的鴻溝。
- 二分法把西方（現代化）國家與非西方（非現代化）國家的差異歸納出來，再下定論，因而含有濃厚的西方種族中心主義的色彩。

UNIT 10-4
意識形態（Ideology）

提出人：阿圖舍（Louis Althusser, 1918-1990），法國哲學家、西方馬克思主義大將之一，以意識形態理論聞名，常被界定為結構馬克思主義者。

背景：阿圖舍的意識形態理論乃是當代馬克思文化研究中，探討意識形態的主要思潮；其最主要貢獻是指出意識形態在社會中所扮演的作用和角色，以及如何內化為主體的規範等。這方面的重要著述是 1971 年發表的文章〈意識形態與意識形態國家機器〉（Ideology and Ideological State Apparatuses）。

意義：阿圖舍的意識形態觀念的架構是根據馬克思的譬喻「下層／上層結構」（base and superstructure）演變而來，認為社會是由三個次級結構——經濟、政治和意識形態——構成的一個整體。他為意識形態所下的定義為：「意識形態是再現個體和他們真實生存情況間的想像關係。」

阿圖舍否定了傳統馬克思主義的「假意識」之說，認為意識形態乃由外在物質活動構成的再現體系，它不僅是資本主義社會的產物，更可以說，沒有任何實踐活動可以摒除在意識形態的作用之外。

扼要地說，阿圖舍對意識形態的定義，具有下列三項重要突破：

1. 不再將意識形態視為個人觀念或意識，而是存在於「再現」（representation）表徵系統之中。「再現」是指製造意義的活動實踐，這是說意識形態是存在於組織和實踐中的再現方式；因此，意識形態再現具有物質性，即受到物質儀式和實踐活動所影響。各式各樣的社會、政治、經濟組織活動、行為舉止和人們使用的分類，都是意識形態的產物；例如「屈膝跪下，口中默默祈禱，即表示你會產生信仰」。意即，每個實踐活動本身都是一種意識形態，相對的，每種意識形態也具體地化為實踐了。

2. 意識形態為個體的社會生活實踐提供了一套「想像」關係。想像關係是在意識形態中，人們所表現的「如何生活」於他們和其生存條件的關係，而不是他們和他的生存條件之間的原本關係。大部分意識形態如倫理、政治、法律等等層面，都不是個體生存關係的真實表現，而是個體與他們生存環境的想像（扭曲）關係。這種想像關係（或生活關係）源自於對真實的想像，卻不等於真實，真實關係是指人們與他們生存情況的原本狀態。

3. 意識形態透過表徵的想像系統建構課題。阿圖舍認為，所有的意識形態藉由「點名召喚」（hail）和「設定」（interpellate）的方式將主體分類，把具體的個人建構成具體的主體。意即，主體是透過不同角色和行動的分類被建構而成，例如被歸類為上司、下屬、市民、官員等角色；而且，人在出生之前就已註定且被歸類為某種主體，例如在毫無選擇的情況下接受「誕生」的儀式、沿用父親的姓氏、教育方式和規範等。因此，人類本質上就是意識形態的，且在不同的分類、論域、實踐儀式等意識形態中生活。

阿圖舍的意識形態

社會
＝

經濟

政治

意識形態

意識形態

再現個體和他們真實生存情況間的想像關係。

阿圖舍對意識形態的定義

1. 意識形態不是個人觀念或意識，而是存在於「再現」（representation）。

2. 意識形態為個體的社會生活實踐提供了一套「想像」關係。

3. 意識形態透過表徵的想像系統建構課題。

- 「再現」是指製造意義的活動實踐。
- 每個實踐活動本身都是一種意識形態，每種意識形態也具體地化為實踐了。

- 想像關係是在意識形態中，人們所表現的「如何生活」於他們和其生存條件的關係，而不是他們和他的生存條件之間的原本關係。

- 「點名召喚」（hail）和「設定」（interpellate）的方式將主體分類，把具體的個人建構成具體的主體。

UNIT **10-5**
意識形態──法蘭克福學派
（Ideology-Frankfurt School）

提出人：德國「法蘭克福學派」（Frankfurt Scholl）溯源馬克思，代表人物有霍克海默（Max Horkheimer）、阿多諾（Theodor W. Adorno）和馬庫色（Herbert Marcuse）等人。

背　景：意識形態（ideology）此一詞彙首見於 18 世紀末法國的啟蒙思想家希望以科學方法探索思想或觀念的源頭與發展，稱之為 idéologie（觀念的科學）；法國哲學家特拉西（Destutt de Tracy）在 1796 年首次轉譯成英文 ideology。意識形態批判在法蘭克福學派的理論中占據重要地位，以致有一種說法認為「把法蘭克福學派的批判理論說成是一種文化和意識形態的批判理論，並不為過」。

意　義：馬克思與恩格斯在《德意志意識形態》一書中，挪用 ideology 的貶義批評德意志資產階級的唯心主義哲學體系，提出一段經常被引用的觀點：「統治階級的思想在每一時代都是占統治地位的思想。這就是說，一個階級是社會上占統治地位的物質力量，同時也是社會上占統治地位的精神力量。」意指統治階級以生產「虛假意識」（false consciousness）來扭曲被統治階級對現實的認識，其次是指涉特定階級與社群的思想與信仰體系。

法蘭克福學派繼承並進一步發揮前述觀念，認為意識形態的虛假性是一切意識形態的普遍特性。意識形態作為一種「虛假意識」，其作用在於維護國家權力的統治，成為維持統治的合法性基礎。他們主要的關注不是國家對媒體的控制，而是媒體對社會的意識形態控制；媒體不僅是意識形態的工具，甚至媒體本身就是意識形態。這種觀點起源於從霍克海默到哈伯瑪斯的一個著名論斷：「科學技術即意識形態」。

由於把媒體看成一種科技，而科技本身又是一種意識形態，所以法蘭克福學派對古典音樂和文學有極高評價，對流行音樂等大眾文化則抱持負面評價，認為產製大眾文化的文化工業（culture industry）只追求利潤，大量生產，令文化喪失自主性，而大眾以為生活豐盛，其實是由「虛假意識」操縱。

阿多諾在《啟蒙辯證法》裡批判文化工業的意識形態奴役，比起早期的統治實踐更為微妙和有效。利用欺騙而非暴力，它幾乎是徹底地消除了個人的反抗意識，一勞永逸地維持了既定的存在。文化工業的意識形態奴役，就其本質而言是科技的意識形態奴役。

馬庫色在《單向度的人》裡詳細論述了工業社會製造虛假需求和虛假意識、壓制個人願望、形成一種單向度思想和行為方式，指出媒體作為一種灌輸和操縱手段，在製造虛假需求、助長虛假意識的同時，又使人意識不到這種虛假性而形成單向度的思想和行為方面，都起著十分重要的作用。

馬庫色寫道：「這些（大眾文化）產品教化並操縱人們，它們促成了對本身錯誤毫無感覺的錯誤意識，從而出現了一種單向度的思考與行為模式，只要是在內容上超出既有的論述與行為範疇的觀念、希望與目標，若不是被排除，要不就是被化約為既有範疇中的一個詞類。」

虛假意識

- 是一切意識形態的普遍特性。
- 維持統治的合法性基礎。
- 媒體 ➔ 科技 ➔ 意識形態。
- 媒體對社會的意識形態控制受到關注。

大眾文化

- 產製大眾文化的文化工業（culture industry）只追求利潤，大量生產，令文化喪失自主性。
- 大眾以為生活豐盛，其實是由「虛假意識」操縱。

阿多諾《啟蒙辯證法》
文化工業的意識形態奴役

- 等同於科技的意識形態奴役。
- 利用欺騙而非暴力，它幾乎是徹底地消除了個人的反抗意識，一勞永逸地維持了既定的存在。

馬庫色《單向度的人》

- 媒體作為一種灌輸和操縱手段，在製造虛假需求、助長虛假意識、壓制個人願望，使人意識不到這種虛假性而形成單向度的思想和行為方式。
- 例如：產製大眾文化的文化工業讓娛樂、購物與賺錢成為現代人的主要需求，以這種「虛假意識」（false consciousness）來扭曲被統治階級對現實的認識，其作用在於維護國家權力的統治，成為維持統治的合法性基礎。

UNIT 10-6
大眾文化（Mass Culture）——法蘭克福學派

提出人：阿多諾（Theodor W. Adorno, 1903-1969）、霍克海默（Max Horkheimer, 1895-1973），二人皆為德國法蘭克福學派的代表性學者。

背　景：阿多諾和霍克海默是在 1944 年出版的一部經典著作《啟蒙辯證法》，其中〈文化工業：作為大眾欺騙的啟蒙〉一文對大眾文化展開尖銳的批判，可說奠定了法蘭克福學派的大眾文化批判基調。

意　義：法蘭克福學派在 1930-1940 年代興起，其最初的文化批判是以「肯定性質的文化」（affirmative culture）為對象，其成員因逃避法西斯迫害而遷移美國之後，發現這個高度壟斷的資本主義國家有著一種具有操縱性的流行文化網絡，在行使著歐洲法西斯式的高壓統治，大眾文化才成為他們其中一個主要的文化批判對象，並提出比較完整的分析大眾文化概念的理論框架。

法蘭克福學派所批判的「大眾文化」，主要是指 1930 年代至 1960 年代在美國出現、經由大眾媒體而在大眾之中流行的新式通俗文化，例如通俗小說、流行音樂、藝術廣告等；它們填補了工業化造成的文化真空，新興都市的勞工階級則成為它們的第一批消費者。大眾文化經常被拿來和傳統的「高級文化」（high culture）相互對比，突出前者屬於階級較低的閱聽人，後者則由若干美學與藝術傳統中的文化精英所創造，前者的普及污染侵蝕了後者的道德與美學優越品質。

法蘭克福學派認為，大眾文化在當代西方社會產生的消極作用包括：

1. 資本主義商品制度導致文化藝術與商業密切結合，文化產品之生產與接受納入了市場交換的軌道，以致大眾文化呈現商品化趨勢，具有「商品拜物教」（commodity fetishism）特質。

2. 大量複製的生產方式及經常重複生產無創造性的同樣產品，導致大眾文化的生產標準化、同質化，喪失藝術的個性、自主性與創造性，扼殺藝術欣賞的自主性與想像力。

3. 大眾文化的不斷重複與同質性，剝奪了藝術的對抗性價值，成為被馴服成既存秩序的一部分，也導致受眾不得不接受文化產製者提供的東西，剝奪了個人的自由選擇；這種支配力量和強制性使得它得以成為獨裁者控制公眾輿論的強大手段。

前述特質使得大眾文化在閒暇時間裡操縱廣大群眾的心靈，培植支持統治和維持現狀的順從意識；所以，阿多諾又把大眾文化形容為促進人們調節到現行資本主義社會結構與秩序，使之得以維持的「社會水泥」（social cement）。

隨著階級差異不再顯著、階級意識相對淡化之後，「大眾文化」的說法或許業已過時，畢竟大眾媒體使得「高級文化」中的經典作品能為更廣大的閱聽人使用，進而幾乎代表了所有人的正常文化經驗與愛好。但是，嚴肅文化的世界更加平易近人，是否確實以犧牲文化的批判性內涵為代價，值得深思。

大眾文化

- 流行的新式通俗文化，例如通俗小說、流行音樂、藝術廣告等。
- 階級較低的閱聽人。
- 普及侵蝕了高級文化的優越品質。

高級文化

- 傳統的精英文化，例如莎士比亞文學、古典音樂、古典芭蕾等。
- 精英階級的閱聽人。
- 擁有道德與美學優越品質。

大眾文化的消極作用

「商品拜物教」 （commodity fetishism）	大眾文化的 同質高、沒創意	大眾文化剝奪了 個人的自由選擇
• 大眾文化呈現商品化趨勢。 	• 大量複製的生產方式及經常重複生產無創造性的同樣產品。 • 大眾文化扼殺藝術欣賞的自主性與想像力。 	• 這種支配力量和強制性使得它得以成為獨裁者控制公眾輿論的強大手段。

大眾文化在閒暇時間裡操縱廣大群眾的心靈，培植支持統治和維持現狀的順從意識。

UNIT **10-7**
庶民文化（Popular Culture）──費斯克

提出人：費斯克（John Fiske, 1939-），在英國誕生的美國威斯康辛大學麥迪遜分校傳播學教授，致力於研究美國社會如何創造文化意義，諸如種族和不同媒體的問題，被形容為「庶民文化的樂觀者」。

背　景：費斯克在 1987 年出版的著作《了解庶民文化》（*Understanding Popular Culture*）裡深刻討論了庶民文化的概念。

意　義：費斯克使用「popular」（庶民）而不是「mass」（大眾），意在與法蘭克福學派指謂的消極被動的大眾區分。「庶民」雖仍可能是被動的、易變的，甚至無意識地成為體制的同謀，但它也是動態的、多重角色的，並且可能以「主動的行為人」而不是「屈從式主體」的方式，在階級、性別、年齡、種族等各種社會範疇間從事活動。

「庶民文化」與「大眾文化」的區別在於：(1) 庶民文化並不是由文化工業從外部施加，而是由大眾在文化工業的產品與日常生活的交界面上創造出來，它產生於內部或底層，而不是來自上方；(2) 庶民文化不是消費，而是在社會體制內部創造、流通、帶來快感的積極過程；(3) 文化工業所能做的是為大眾製造出文本「庫存」（repertoire）或文化資源，以便大眾在生產自身的大眾文化時使用或拒絕。

費斯克形容「庶民文化」是一種「即取即用的藝術」（the art of making do），人們雖然無法創造庶民文化的資源，卻在這些資源裡創造自己的文化，並且從中得到意義和愉悅；這是一種

「我們的」而非「他們的」之感覺。庶民文化的意義不在於其文本，而在於其傳播過程，且需要從其他文本和社會生活的關係中理解。

他的庶民文化研究概述如下：

1. 美國的牛仔褲：會穿牛仔褲的兩大社會群體是年輕人和藍領工人，但區分兩者的是意義中心而非社會類屬。第一組意義代表著非正式、非階級、非性別、城鄉皆宜，第二組意義環繞著肉體勞動、粗獷、積極；兩組意義都試圖否定階級差異。

2. 購物的愉悅：將購物與宗教類比，購物商場即如消費的教堂。青少年櫥窗逛街（window shopping）消費的不是商品，而是影像和空間，是一種不會產生效益的感官消費，形成一種對立的文化實踐。

3. 海灘解讀：人們對海灘有不同的利用，所發現的意義就不盡相同。而且，海灘上充滿各式符號，尤以禁令公告（禁止裸泳、禁止衝浪板）最有意義，因為它們提供了將文化規則強加於自然之上的理想範例。

4. 電子遊戲的愉悅：為青少年提供抵制社會控制和採取有選擇性的文化姿態之機會，它為人所反對，皆因它處在社會控制範圍之外。

5. 流行音樂（瑪丹娜）：瑪丹娜透過不斷指出父權社會中女性的矛盾意義（例如白紗換成黑紗），把對立的意義寫到文本中，引起人們注意她們在男性霸權中的角色。她採取的姿態是挑戰父權的兩個關鍵領域：對語言／表徵和對性別意義、性別差異對立的控制。

庶民文化

- 「即取即用的藝術」(the art of making do)。
- 人們創造自己的文化,並且從中得到意義和愉悦。
- 意義在於其傳播過程,需要從其他文本和社會生活的關係中理解。

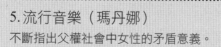

庶民文化

1. 美國的牛仔褲

穿牛仔褲的兩大社會群體是年輕人和藍領工人,代表著非正式及肉體勞動;兩組意義都試圖否定階級差異。

- 穿牛仔褲的年輕人及藍領工人否定階級差異。

2. 購物的愉悦

櫥窗逛街(window shopping)消費的不是商品,而是影像和空間,是一種不會產生效益的感官消費,形成一種對立的文化實踐。

- 只看不買,沒有經濟效益。

3. 海灘解讀

海灘上充滿各式符號,尤以禁令公告最有意義,因為它們提供了將文化規則強加於自然之上的理想範例。

- 沒有法制的大自然,因為禁令公告而立法管制。

4. 電子遊戲的愉悦

青少年抵制社會控制和採取有選擇性的文化姿態之機會。

- 反對電子遊戲是因為它不在社會的控制範圍。

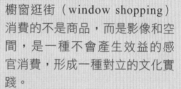

5. 流行音樂(瑪丹娜)

不斷指出父權社會中女性的矛盾意義。

- 引起大眾關注女性在男性霸權的角色。

UNIT 10-8
庶民辨識力（Popular Discrimination）

提出人：費斯克（John Fiske, 1939- ），在英國誕生的美國威斯康辛大學麥迪遜分校傳播學教授，致力於研究美國社會如何創造文化意義，諸如種族和不同媒體的問題，被形容為「庶民文化的樂觀者」。

背　景：費斯克在 1987 年出版的著作《了解庶民文化》（*Understanding Popular Culture*）裡提出庶民辨識力的概念。

意　義：庶民辨識力是指庶民對文化工業的產品加以辨識，選取其中一部分而淘汰另一部分，它既取決於文本的特徵，也取決於庶民的社會狀況。不過，它和學院式評價高雅文本的特質時所提出的審美的辨識力截然不同。庶民辨識力關注的不是文本的特質（特質對庶民文化而言，無足輕重），而是是文本的功能性，亦即它在日常生活中的使用潛力。

這個篩選過程有下列三個主要標準：

(一) 相關性

相關性是庶民文化的「核心批判標準」，意指文化資源提供的切入點，使日常生活的體驗能與它共鳴；沒有這種共鳴，此文化資源就不會是庶民的。由於日常生活體驗和個人的社會效忠從屬關係都是變動的，這些切入點因而也是多元和短暫的，乃受到社會因素的影響，而不是受到文本因素的影響。一個文本之所以是庶民文化，是因為讀者以主動的方式閱讀，而且以自身的社會體驗加以言傳，並且把這個文本變成自己的庶民文化，成為自己的庶民文化的話語庫存。但是，對相關性的需要，使得庶民文化可以是進步的或冒犯式的，但永遠不可能反對或顛覆既存的社會秩序，它正是在既有的社會權力結構中才具有庶民性。

(二) 庶民生產力

把庶民文化視為一種生產過程，而不是對意向的消費，並將理論重心和目標從表述移至符號學行為，從文本與敘事結構移至解讀實踐，因而必須將問題從「人們在解讀什麼」轉移到「如何解讀」。

1. 庶民解讀文本的方式往往是選擇性、斷續式的，例如許多女人只注意到《霹靂嬌娃》中堅強的女主角，幾乎完全忽略父權制符號，這種選擇性觀看方式躲開了文本結構的取向，而使文本可能面對不同和多元的相關點。

2. 「著迷」與「挪用」的抵抗力。庶民文化迷文本的投入是主動的、熱烈的、狂熱的、參與的，而且「著迷」主要包含兩種行為的特殊性：辨識力與生產力。這種庶民生產力是以一種「挪用」（bricolage）手邊現成的材料與資源，再組合和再使用資本主義文化產物的過程。

(三) 消費模式的靈活性

庶民文化的某些商品或文本會流行，不僅因為人們可以從中獲取社會相關意義，傳遞這些商品的媒體也必須具備可以適應於日常生活實踐的特徵；電視、唱片、錄影帶及電影之所以是庶民的，部分原因在於它們允許人們隨意使用。例如，電視讓孩子們不僅可以顛覆或嘲弄成人的規訓，還可以加以逃避，經由電視建構自己的幻想世界，創造自己的庶民文化。

庶民辨識力

辨識文化工業的產品，
關注文本在日常生活中的使用潛力。

庶民辨識標準

相關性

- 讀者的日常生活體驗能與文化資源產生共鳴。
- 讀者主動閱讀，並以自身的社會體驗加以言傳。
- 不可能反對或顛覆既存的社會秩序，因為既有的社會權力結構才有庶民性。

庶民生產力

注重「人們如何解讀文本」

- 庶民解讀文本的方式往往是選擇性、斷續式的，這使文本可能面對不同的和多元的相關點。
- 「著迷」與「挪用」的抵抗力。

消費模式的靈活性

- 庶民文化的文本不但可以獲取社會意義，也能實踐於日常生活。
- 庶民的媒體是可以讓人們隨意使用的。
- 例如，電視可以顛覆規訓，也能逃避現實，經由電視建構自己的幻想世界，創造自己的庶民文化。

UNIT **10-9**
文化研究（**Cultural Studies**）

提出人：威廉斯（Raymond Williams, 1921-1988）、賀格特（Richard Hoggart, 1918-2014）、霍爾（Stuart Hall, 1932-2014），三位皆為英國文化研究大將、伯明翰大學當代文化研究中心創始人、領導人。

背　景：文化研究是一個建基於批判理論和文學批評的學術領域，從一開始就深受馬克思主義哲學的影響。「文化研究」一詞最早是由賀格特在1964年創辦伯明翰當代文化研究中心時提出，霍爾接掌該中心之後，此一詞彙幾乎和霍爾密不可分。

意　義：英國的文化研究傳統發軔於1950年代和1960年代，從一開始就深受馬克思主義的影響，認定文化與社會關係緊密相連，圍繞著階級、性別、種族，尤其是它們的不對稱與對抗關係展開，也吸收了法蘭克福學派的「文化工業」（即大眾文化）批判的一些想法。

然而，後期它們批評了把閱聽人視為消極消費者之傳統馬克思主義觀點，提出人們有不同的方法閱讀、接受和詮釋文化文本，消費者能恰當且積極地拒絕或挑戰某個產品的意義。這使得文化研究的焦點從文化產品的生產轉移到關注消費的重要性，因為消費者的消費方式賦予產品意義。

文化研究集中研究文本的意義構成，而「文本」概念不只限於書寫語言，也涵蓋電影、相片、時尚甚至髮型等各種含有意義的文化製品。其對「文化」的理解，也不限於傳統上由精英創作、被尊為經典的高雅文化（統治階級的文化），而是把它當作一種普遍的、日常生活中的產物，被廣泛地生產、分配和消費著。這個觀點為正規的批判分析打開了娛樂和訊息媒體的整個範疇，包括對電視情境喜劇、大量發行的通俗小報、滑稽浪漫故事、好萊塢大片等。

以霍爾的研究觀點為主，文化研究對主流傳播研究展開了下列兩方面的批判：

（一）在方法論方面

批評行為學派的研究者往往犯有「科學主義偏見」的毛病，自認為只要基於實證及客觀的「科學」研究方法，一切以「事實」為依歸，研究者即可免除理論偏見。然而，「方法」不可能獨立於研究者的基本假設之外，而自成一客觀的運作體系，畢竟研究者在找尋問題、決定方法、建立假設之時，心中早已有一套對社會人類及知識的基本觀點，研究者若不覺察這點，就很可能視其為理所當然，從不反省或審視這套基本觀點的合理性。

（二）在社會及傳播理論方面

認為社會運作不應從個人角度來看，而應從「結構」的觀點，例如不同社會階層有不同的利益與衝突，因此社會共識可能不是經由自由溝通形成，而是由意識形態框架出來。社會權力的發揮，並不在於某人影響某人的單一層面，意識形態所造成的「潛移默化」的影響，才是更深一層維持現有秩序的策略。

文化研究

人們有不同的方法閱讀、接受和詮釋文化文本，消費者能恰當且積極地拒絕或挑戰某個產品的意義。

文本

- 可以是書寫語言、電影、相片、服飾、及髮型等各種含有意義的文化製品。

文化

- 不限於高級文化。
- 一種普遍的、日常生活中的產物，被廣泛地生產、分配和消費著。
- 例如：電視情境喜劇、大量發行的通俗小報、滑稽浪漫故事、好萊塢大片等。

181

方法論方面

- 犯有「科學主義偏見」的毛病。
- 「方法」不可能獨立於研究者的基本假設之外，而自成一客觀的運作體系。
- 研究者若不覺察這點，就不會反省或審視這套基本觀點的合理性。

文化研究對主流傳播研究的批判

社會及傳播理論方面

- 社會運作應從「結構」的觀點來看。
- 社會共識可能不是經由自由溝通形成，而是由意識形態框架出來。
- 社會權力可以透過「潛移默化」的影響，來維持現有秩序。

UNIT 10-10
女性主義傳播研究（Feminist Communication Studies）

提出人：諸家。

背景：女性主義在傳播領域較正式的研究約莫始於 1970 年代，第一本以女性觀點討論傳播現象的著作是 1978 年出版的《爐邊與家庭：女性在大眾媒體裡的形象》（*Hearth and Home: Images of Women in the Mass Media*）。1980 年代後期開始，相關著作顯著增加。

意義：女性主義理論著眼於了解女性在社會中幾近普遍「貶值」的起源與持續性本質，「女性主義」一詞暗示了對貶值理論的確認，並假設性別關係務必改變。女性主義的主要派別有激進女性主義（radical feminism）、自由主義女性主義（liberal feminism）及馬克思主義與社會主義女性主義（Marxist and socialist feminism）；它們均強調「女性受壓迫」的經驗，但對於女性如何受到壓迫、為何受到壓迫及如何解除壓迫，各有不同的解釋。

荷蘭學者范左忍（Liesbet van Zoonen）將傳播領域中的女性主義研究主題歸納為：刻板印象與性別社會化、色情及意識形態，前兩者已獲致相當的重視，色情議題則尚未在學術界得到相當的青睞與地位。

「刻板印象與性別社會化」意指媒體呈現的女性形象，以及再製女性對其社會角色的認同。最普遍的批評，除了女性在媒體內容和媒體組織中的比例均過低之外，就是媒體所呈現的女性幾乎是符合傳統所認定的年輕貌美、受制於丈夫、父親、兒子、老闆和其他男人；她們的特質都是被動的、消極的、優柔寡斷的、溫馴順從的、依賴無能的等等。

意識形態批判的典型研究是指出，女性雜誌以女性氣質的父權制度意識形態描繪女性一生會經歷的各個階段，從小孩、女人到年老，非常明顯地企圖讓女孩心甘情願順從支配性的社會及文化秩序。

著資訊與傳播科技的發達，女性主義者似乎從網際網路的虛擬空間裡看到女性傳播平權的新希望。他們是其中一批探索這種新場域的人，探索虛擬空間帶來的新自由，以及資訊與傳播科技對於突破重男輕女傳統思想與實踐的重要性。

網際網路的女性主義分析的兩個主要論題，聚焦於終極建構及維持男女之間不平等社會關係的父權疆界。首先是區分私人空間（如家庭、私人關係）與公共空間（如政府與商業機構、政治與經濟決策空間），女性總是被局限在私人空間。其次是區分國家與國際領域，以致女性遭受雙重馴化。不過，虛擬空間的「逾越潛能」讓女性得以跨越前述疆界的限制，為女性提供了挑戰和發揮潛力的機會。

1990 年代興起了所謂的「第三波女性主義」（third-wave feminism），其時許多文明國家（如美國、英國及法國）的女性致力於推廣女性的基本公民權及抗拒傳統被欺壓的情勢，甚至進一步鼓勵受過教育的女性們一同站出來做給其他男性看；她們強調隨著有機會受高等教育，女性不再處於弱勢，更應該適時的站出來保護並爭取應得的權利。不過，第三波女性主義被批評為「保守的後女性主義者」、「反動的第三波女性主義」，甚至「反女性主義者」。

女性主義

- 以女性的角度出發的社會理論或社會運動。

- 批判性別不平等,維護女性權利。

刻板印象與性別社會化

- 女性在媒體內容和媒體組織中的比例均過低。

- 媒體所呈現的女性幾乎是年輕貌美的、受制於丈夫、父親、兒子、老闆和其他男人。

- 媒體所呈現的女性的特質,都是被動的、消極的、優柔寡斷的、溫馴順從的、依賴無能的等等。

網際網路的女性主義

- 虛擬空間的「逾越潛能」讓女性得以跨越限制,為女性提供了挑戰和發揮潛力的機會。

- 女性主義者似乎從網際網路的空間裡看到女性傳播平權的新希望。

第三波女性主義

- 推廣女性的基本公民權及抗拒傳統被欺壓的情勢。
- 強調女性有機會受高等教育,就不再處於弱勢,更應該保護並爭取應得的權利。

UNIT 10-11
溝通行動理論（Theory of Communicative Action）

提出人：哈伯瑪斯（Jurgen Habermas, 1929-），德國法蘭克福學派第三代代表人物，1960年代已被譽為當代西德最傑出和最有影響力的思想家。哈伯瑪斯於1983-1994年出任法蘭克福大學哲學及社會學教授，1994年退休後仍然從事研究、著述和學術政治活動。

背景：哈伯瑪斯先後出版《溝通行動理論》（*The Theory of Communicative Action*）第一卷（英文版，1984）及第二卷（英文版，1987），闡述其最聞名的「溝通行動理論」。

意義：溝通行動理論首先主張人類不應只具備意在影響他人以達成目的的工具理性，反之應有更廣泛的理性概念，即參與溝通者能共同合作以達到互動雙方的同意，此為溝通理性。這種溝通理性可進化為「進步的溝通理性」，即人們日益覺察到壓迫的存在，逐漸加強對外力扭曲溝通情境的認知，並增進社會基於道德自主性及共同責任的整合。

溝通行動理論乃是以溝通理性作為發展基礎，藉以重建人類的溝通能力為根本準則，透過啟蒙、反省和批判去實現成熟、自主、解放的溝通目的，最終實現「理性社會」的理想。溝通行動理論之重要性，在於它既指出溝通的不平等關係，又闡明理想溝通情境代表著自主、理性與無宰制的情景。

哈伯瑪斯認為，有效的溝通行動應滿足四項有效聲稱：

1. 可理解的聲稱（comprehensibility claim）：溝通內容合乎文法規則，彼此皆可理解。

2. 真實的聲稱（truth claim）：溝通的命題內容所指涉的對象確實存在，或陳述狀態為真，使溝通者能接受或共同分享知識。

3. 正當得體的聲稱（rightness claim）：溝通的內容合乎共同規範，可以建立一個互為主體性的相互關係；

4. 真誠的聲稱（truthfulness claim）：溝通者用真誠的態度、意圖、感覺和期望等的表達，來獲得信任。

然而，優勢權力的介入會造成個人無法發揮其溝通能力，很可能造成溝通過程中斷或扭曲，即「扭曲的溝通」（distorted communication），它是一種含有欺騙、壓制或暴力等因素的溝通過程，而溝通的結果自然就是馬克思所說的「假意識」了。

反之，溝通雙方若能免於扭曲溝通的壓力，自主而理性地質疑論證，就是一種「理想言辭情境」（ideal speech situation）。在此理想言辭情境中，所有參與傳播者都能有相同的機會，自主的選擇及使用言辭行動，相互質疑言辭內容的真實或合理性的有效聲稱，而彼此是完全依據參與者共同尋找真實的動機來達成共識，並以「較佳論證」為評量標準。易言之，這是一個摒棄任何壓迫性力量的系統性扭曲、開放的批判驗證的過程，任何人的言辭行動均是可否證、可批判。在這種「理性」溝通情境下，參與者可能經由互相對話而達成「共同的利益」，其依此情境達成的「共識」不再是「假意識」。

溝通理性

- 參與溝通者能共同合作以達致互動雙方的同意。
- 增進道德自主性及共同責任的整合。
- 透過啟蒙、反省和批判，實現「理性社會」的理想。

四項有效的溝通行動

1. 容易被理解

2. 內容真實

3. 內容正當

4. 真誠的態度

理想言辭情境

- 有自主思考。
- 有批判能力。
- 有相同的溝通機會。
- 有共同尋找真實的動機。
- 沒有任何壓迫性力量的系統性扭曲。
- 有達成「共識」。

UNIT 10-12
傳播政治經濟學（Political Economy of Communication）

提出人：諸家。代表性學者有美國的斯密斯（Dallas Smythe）、席勒（Herbert Schiller），以及英國的戈定（Peter Golding）、默多克（Graham Murdock）及馬特拉（Armand Mattelart）等。

背　景：傳播政治經濟學不是一套理論，而是一種分析途徑。這裡所指的的傳播政治經濟學，是以馬克思主義哲學作為理論基礎的「批判的傳播政治經濟學」（critical political economy of communication），有別於保守古典理論家的政治經濟學著作。

意　義：政治經濟學是經濟分析整體傳統的統稱，它與主流經濟學大異其趣，比較強調倫理及規範性的問題。傳播政治經濟學的研究起源，主要在於分析社會關係與權力的運作，並且關心社會關係中不對稱的結構如何影響意義的產製與使用，意即研究社會生活中各類傳播活動的控制與存活。

政治經濟學主張集中力量去分析一些具體的社會關係，亦即使得某些人有了權力或能力控制其他人、過程及資源的關係，即便受制者會反抗，這種關係仍然存在。政治經濟學注意控制的形式，如何沿著生產、分配與消費循環圈而轉換與移動。易言之，其研究對象可視為各種社會關係如何相互構成，以致影響了資源的生產、分配與消費，例如媒體從生產過程到消費的整個制度循環。

加拿大學者莫斯可（Vincent Mosco）指出，傳播政治經濟學引為最基本且必須信守的四個基石是：

1. 社會變遷與歷史：重視歷史分析，主張社會變遷過程是指「質」的改變，而其動力則根源於社會－經濟的衝突。社會變遷過程雖緩慢，但仍可察知；例如媒體歷經王權控制到當前的資本家主導，未來仍有變化的可能。

2. 社會整體性：主張社會、政治、經濟、文化與意識層面彼此相關，既有衝突矛盾，也有扣連接榫，故理解媒體時，應將媒體文本的生產機制、文本的內涵及文化的消費，併合做全觀式考查。

3. 道德哲學：研究者必有其價值承諾，而且認定從市場關係反映出來的價值，缺陷眾多，因而主張超越效率等技術性議題，關心一些基本的道德議題，例如：正義、平等與公義。

4. 實踐：根據前述價值而來的論述或社會、政治參與活動，並不排斥實證的、量化的或一般可能稱之為行政研究的政策研擬活動，也不排斥服務於產業界或政界，但前提是這些活動均得有助於前揭價值的彰顯、成為議題，乃至於實現。

莫斯可指出，影響政治經濟學取向發展的主要因素之一，是報業、電子媒體及電信業從樸實的家族企業向 20 世紀產業界的主要產業的轉變，因此早期的一些政治經濟學者研究描述了大型傳播企業的結構與實踐，並且關注在如此大規模的企業中權力如何運作；後來的傳播研究繼承的正是這種傳統，甚至已經更為深入地研究跨各媒體業務部門、跨製造業，乃至涵蓋服務性行業的公司企業整合的趨勢。

傳播政治經濟學

- 研究社會生活中各類傳播活動的控制與存活。
- 注意控制的形式，如何沿著生產、分配與消費循環圈而轉換與移動。

傳播政治經濟學的基石

社會變遷與歷史

- 主張社會變遷過程是一種「質」的改變。
- 社會－經濟的衝突是社會變遷的動力。
- 例如：媒體控制權的變化從王權控制到當前的資本家控制，未來仍有變化的可能。

社會整體性

- 主張社會、政治、經濟、文化與意識層面彼此相關。
- 觀察媒體應該做全觀式考查，併合媒體文本的生產機制、文本的內涵及文化的消費。

道德哲學

- 主張關心一些基本的道德議題。
- 例如：正義、平等與公義。

實踐

- 根據前述價值而來的論述或社會、政治參與活動。
- 並不排斥實證的、量化的或一般可能稱之為行政研究的政策研擬活動，也不排斥服務於產業界或政界。
- 前提是這些活動均得有助於前揭價值的彰顯、成為議題，乃至於實現。

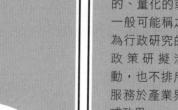

UNIT 10-13
比較媒體制度典範（Comparative Media System）

提出人：哈林（Daniel C. Hallin），美國加州大學聖地亞哥分校傳播學教授。曼奇尼（Paolo Mancini），義大利佩魯賈大學傳播學教授。

背　景：哈林和曼奇尼在 2004 年出版《比較媒體制度：媒體與政治的三種模式》（*Comparing Media Systems: Three Models of Media and Politics*）一書，提出比較媒體制度理論及分析架構，受到歐美地區比較政治傳播研究領域普遍的重視。

意　義：哈林和曼奇尼以媒體政治平行性（political parallelism）、新聞專業發展、媒體市場發展及國家干預媒體系統的程度四個面向，解析歐美 18 個先進民主國家的媒體與政治的關係。

1. 政治平行性：媒體在功能及權力行使上，與國家或政治機構間的分殊程度，在內容上是否能反映國內政治意識形態的光譜分布，其主要評估概念為：（1）媒體能反映媒體機構政治傾向的程度；（2）媒體工作者參與政治活動或就任黨職的情況；（3）媒體閱聽眾的政黨傾向；（4）新聞工作實踐的角色或傾向。

2. 新聞專業發展：這裡的專業性面向包括：（1）自主性；（2）建立一套獨特的專業規範；（3）是否具備公共服務傾向；（4）媒體工作是否會被政治或商業所控制而工具化。

3. 媒體市場發展：主要討論的概念包括報業本質上的差異、與閱聽眾間的關係，以及其在更廣泛的社會與政治傳播過程中扮演的角色等。

4. 國家干預媒體系統的程度：國家在媒體管制上扮演關鍵性的角色，但干預的程度與形式卻有相當的差異。

經由上述面向加以分析，哈林和曼奇尼建立「自由模式」、「極端多元模式」及「民主統合模式」三個媒體制度理想類型，並提出未來媒體制度將因全球化趨向於自由模式的論述立場。

1. 地中海或極端多元模式（the mediterranean or polarized pluralist model）：法國、希臘、義大利、葡萄牙及西班牙，報紙發行量相對較低，以精英報為主。政治制度具備外在多元性特性，媒體政治平行性高；廣電媒體多採國會或政治治理模式，政治干預程度高。新聞專業性低、國家的介入強而有力。

2. 北歐或民主統合模式（the northern European or democratic corporatist model）：奧地利、比利時、丹麥、芬蘭、德國、荷蘭、挪威、瑞典、瑞士，大眾報業發展早，報紙發行量高。政治制度具備外在多元性特性，全國性報紙的媒體政治平行性高；政府模式的廣電治理，但機構自主性高。新聞專業性高，具備制度化的自律系統，國家在保護新聞自由的前提下介入程度高。

3. 北大西洋或自由模式（the north Atlantic or liberal model）：英國、美國、加拿大、愛爾蘭，大眾商業報紙發展早，報紙發行量居中。政治制度以自由主義為核心價值，呈現內部多元性面貌；廣電治理採專業模式，是自主運作的系統。新聞專業性高，採取非制度化的自律行為；主要遵循市場機制，除了英國和愛爾蘭有強大的公共廣電系統。

4 個分析媒體與政治關係的面向

政治平行性
- 媒體與政治機構間的關係。
- 內容能反映國內政治意識形態。

新聞專業發展
- 有自主性。
- 有專業規範。
- 有公共服務傾向。

媒體市場發展
- 報業本質上的差異、與閱聽眾間的關係。

國家干預媒體系統的程度
- 國家在媒體管制上扮演關鍵性的角色。

三個媒體制度理想類型	國家	報紙發行量	政治制度	廣電治理	新聞專業性
地中海或極端多元模式	法國、希臘、義大利、葡萄牙及西班牙	相對較低	媒體政治平行性高	政治治理模式，政治干預程度高	低，國家的介入強而有力
北歐或民主統合模式	奧地利、比利時、丹麥、芬蘭、德國、荷蘭、挪威、瑞典、瑞士	高	全國性報紙的媒體政治平行性高	政府模式，但機構自主性高	高，國家在保護新聞自由的前提下介入程度高
北大西洋或自由模式	英國、美國、加拿大、愛爾蘭	居中	自由主義為核心價值	專業模式，自主運作的系統	高，採取非制度化的自律行為

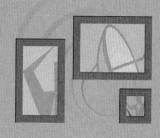

第 **11** 章
資訊社會與
網路傳播

● 章節體系架構 ▼

UNIT **11-1**
資訊社會（Information Society）

提出人：馬克魯波（Fritz Machlup, 1902-1983），美國經濟學家，是最早研究知識作為一種經濟資源的經濟學家之一。貝爾（Daniel Bell, 1919-2011），美國哈佛大學社會學家，以研究「後工業社會」見稱。

背景：「資訊社會」一詞是源起於日本京都大學教授梅棹忠夫（Tadao Umesao）在 1963 年所預測的「資訊工業」之來臨，但其系譜通常會追溯到馬克魯波在 1962 年發展出來的「資訊經濟」之概念，以及貝爾在 1973 年宣告已然來臨的「後工業社會」之概念。

意義：何為「資訊社會」，迄今仍未有廣泛的共識或明確之定義，可謂人言人殊，衡量標準也莫衷一是，甚至「資訊社會」之概念是否成立、「資訊社會」是否已然來臨，都遭人質疑。英國社會學家韋伯斯特（Frank Webster）曾歸納了對「資訊社會」五個面向的定義：科技、經濟、職業、空間、文化。

1. 科技：以資訊科技的普及運用程度作為資訊社會的指標，例如電腦硬體、軟體和傳播比率的情況，這是因為資訊科技之於資訊社會，猶如機器之於工業社會。

2. 經濟：當從事資訊業的勞動力，在產業結構中所占國民生產毛額的百分比高於農工及服務業等部門時，該社會之經濟結構即是以資訊業為主幹，也就進入資訊社會的時代。

3. 職業：這是指職業結構的改變，意即當資訊行業成為現代社會的主要行業時，此社會即進入資訊社會。

4. 空間：意指從資訊網路在社會上的發展程度來判斷資訊社會是否已經來臨，意即越普及，則越接近資訊社會。

5. 文化：根據有別於工業社會的文化與生活的變遷判斷一個社會是否已邁入資訊社會，工業社會以物質生活為核心，而在資訊社會裡，資訊較物質居於重要的位置。

　　上述五個面向並不相互排斥，只是強調不同面向的理論家有不同著墨點，而且反映了學界也處於不知如何定義和辨識資訊社會的尷尬處境。

　　資訊社會之概念萌芽初期，對於未來抱持樂觀看法的學者認為，無論是在經濟結構、生活方式或個人取向方面，即將到來的資訊社會都與過去的社會截然不同。由於資訊社會裡的大多數人是在家工作或學習，屆時不再有污染和交通堵塞的問題；而且，電腦作業為人類節省了許多時間，使得人們可以投注更多心力從事創意的工作和提升心靈的修養。

　　另一派抱持悲觀看法的學者則認為，資訊社會只是幫助資本家和跨國企業進一步剝削消費者，加劇貧富懸殊；誠如韋伯斯特指出，對資訊的消費使得資本主義商業機制得以持續，而資本主義機制又進一步支應了資訊的消費。

圖解傳播理論

	英國社會學家韋伯斯特（Frank Webster）對 **資訊社會** 的定義
科技	• 以資訊科技的普及運用程度作為資訊社會的指標。 • 例如：電腦硬體、軟體和傳播比率的情況。
經濟	• 社會的經濟結構是以資訊業為主幹。
職業	• 資訊行業成為現代社會的主要行業。
空間	• 資訊網路越普及，則越接近資訊社會。
文化	• 資訊較物質居於重要的位置。

資訊社會

優勢

- 網路作業讓大多數人省時省力，人們可以在家完成工作並透過網路提交工作成品。例如：文字翻譯員可以透過網路在家接受翻譯工作，並在家完成翻譯及寄出。
- 網路作業讓人們節省工作時間，有更多的時間投入休閒活動，和提升身心的修養。
- 資訊社會有助推廣藝術文化的創作及鑑賞，藝文活動透過網路的宣傳及分享讓人們更易接觸藝文訊息。
- 資訊社會形成的互動媒介，讓人們有新的互動模式，更快更容易接受訊息的傳播方式，讓民主自由的思想流傳更廣。

劣勢

- 資訊社會的訊息傳播更廣更快，讓全球人類共享訊息的機率更高。然而所謂全球化的訊息，主要都是西方思想為主流的思維。
- 資訊社會幫助資本家和跨國企業進一步剝削消費者，跨國企業或資本家擁有強大的科技傳播條件，讓一般的消費者對產品的訊息難以招架。
- 資訊社會加劇資訊貧富懸殊的狀況，近用資訊科技的人，和未能近用這些資訊科技的人之間，在知識取得、財富累積及社會地位方面產生差距的現象。

UNIT **11-2**
網絡社會（Network Society）

194

提出人：狄傑克（Jan van Dijk），荷蘭傳播學者，以研究新媒體見稱。時任荷蘭屯特大學傳播學教授、歐盟執行委員會資訊社會論壇顧問。

背　景：狄傑克是在 1991 年出版的荷蘭文著作《資訊社會：新媒體的社會面向》（*De Netwerkmaatschappij: Sociale Aspecten van Nieuwe Media*）裡，首次提出「網絡社會」一詞。此書英文版在 1999 年面市。

意　義：狄傑克指陳，19 世紀工業革命之後，正在現代化的西方社會逐漸成為資訊社會；到了 20 世紀，它們的社會結構、組織模式及傳播基礎設施，加之以典型的大眾社會，進入網絡社會。但是，「網絡社會」不是「資訊社會」的同義詞，而是資訊社會之附加物，兩者又密不可分；它們的差異在於，資訊社會強調的是當代發達社會的活動和過程的實體變遷，而網絡社會則把注意力轉移到發達社會的組織形式和（基礎）結構的變遷。因而，網絡社會之定義為：一個以社會和文化網絡作為其「神經系統」的資訊社會，而此神經系統塑造了其主要組織模式和最重要之結構。

狄傑克認為，資訊社會的基本單位仍然是個人、團體和組織，雖然這三者日益經由網絡加以聯繫。個人被視為現代社會的基本單位，而社會和媒體網絡則是個性化的社會對應物。從科技的觀點來看，媒體網絡是這類社會的必要基礎結構；就此而言，社會和科技乃相互交織，且此說適用於社會和媒體網絡。

網絡社會並非一個平等、沒有強勢主宰弱勢的社會。「資訊即權力」這句話有待驗證，因為資訊只是掌握權力的必要條件，但不是充分條件；否則的話，那些一整天都在大量蒐集、處理和散布資訊的人，例如科學家、教師、記者，都將成為社會上最有權勢的人了，但顯然他們並不是。

掌握權力的其他必要條件，是在社會上掌握某種特殊的（強勢的）地位。在社會和媒體網絡中占據某些地位，越來越能建立某人在社會上的地位。就社會網絡而言，有些人成為「明星」或「中心」人物，而另一些則處於邊陲地位。在媒體網絡，有些人設計和控制廣電、電信和電腦網路，而有些人則只是使用它們而已。

網絡的結構同時結合分權和集權，並以有組織的方式連接各方終端，讓它們彼此互通訊息。但是網絡所具有的一些屬性，既可幫助這些終端之間的訊息交流更加平等，亦能導致訊息交流愈加不平等。

狄傑克指出，網絡能將更大範圍的更多人串聯起來的連接能力，以及其「平面」的結構和組織，能促進社會平等，不過，網絡的其他屬性則加劇了社會不平等，例如人們通過選擇關係建立網絡，而在此過程中存在著競爭關係，以及地位與地位性財貨的不平等分配，等等。

資訊社會	網絡社會
發達社會的**活動和過程的實體**變遷	發達社會的**組織形式和（基礎）結構**的變遷

網絡社會社會的定義

• 資訊社會的組織模式和結構受到社會和文化網絡的影響。

• 傳播科技的發達加劇了點對點的互動，社會形式和結構因為網絡的關係而轉型成分散狀態。

• 資訊社會的個人、團體和組織的關係都受到網絡的影響。

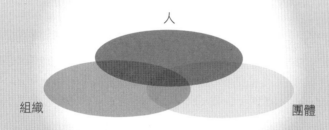

人

組織

團體

	強　勢	劣　勢
社會網絡	成為「明星」或「中心」人物的某些人。	處於邊陲地位的某些人。
媒體網絡	設計和控制廣電、電信和電腦網絡的某些人。	只是使用廣電、電信和電腦網絡的某些人。
網絡的結構	集權。	分權。
網絡的屬性	• 幫助訊息交流更加平等。 • 能將更大範圍的更多人串聯起來的連接能力，以及其「平面」的結構和組織，能促進社會平等。	• 另外，亦能導致訊息交流愈加不平等。 • 加劇了社會不平等，例如：人們通過選擇關係建立網絡，而在此過程中存在著競爭關係，以及地位與地位性財貨的不平等分配等等。

UNIT **11-3**
數位匯流（Digital Convergence）

提出人：尼葛洛龐帝（Nicholas Negroponte, 1943-），美國麻省理工學院媒體實驗室創始人。

背　景：尼葛洛龐帝早在1978年首次提出媒體匯流的概念，此後匯流已成為一個時髦詞彙，普遍被用來描述媒體技術、媒體市場、媒體消費和內容產製中各種不同的進程。另有學者將Convergence中譯為「聚合」、「融合」。

意　義：尼葛洛龐帝提出匯流概念時，以三個重疊的圈圈來代表廣播與通訊、電腦、出版與印刷技術，並指出三個圓圈重疊的領域將成為成長最快、創新最多的領域。英國傳播學者戈定（Peter Golding）和默多克（Graham Murdock）曾更為詳細地描述匯流情況：「第一次，所有的傳播形式——文字、統計數據，以及移動和固定的圖像、音樂和言語，現在可以在同一個基礎數位載體上，以0和1的電腦語言進行編碼、儲存和轉發。其結果是迄今為止各據一方的傳播領域的界限，如今正在消失。」

數位匯流之所以可能發生，是由於數位技術將各種不同的資訊轉換成0和1的數字形式，使得不同的傳播形式、傳輸方式和各種終端設備具有相容性。數位匯流一般指謂網際網路結合了電信、電視、資訊三大產業，將影音、視訊、數據等多元媒體資訊整合起來，集中在同一出口。以傳播媒體為例，數位匯流的情況是廣電媒體的節目可以在網際網路上播放，不僅可以使用電腦觀賞，甚至已能用智慧型手機觀看；或是傳統報紙也已轉型，可以讓讀者用電腦原版下載閱讀。

前述定義乃技術層面的一般性解釋，另有學者弗林（Barry Fynn）提出數位世界具有下列三個層面的匯流：

1. 設備匯流：意指兩種設備融合在一起。其問題在於消費者是否使用這類合二為一的設備，倘若消費者對這種混合物不適應，匯流就不會發生。

2. 網路匯流：網路匯流起源於對曾經流行的「電子資訊高速公路」的討論與發展催生寬頻切換網路結構。

3. 內容匯流：由於技術壁壘妨礙同一內容在所有不同發布通道使用，所以內容匯流迄今仍有限。對匯流的傳統觀點，誇大了內容「寫一次，隨處流傳」的潛力。

整體而言，數位匯流產生的變化和影響可以扼要歸納為：

1. 技術匯流使得電信、傳播和資訊產業的市場界線漸趨模糊，資訊可在不同平臺間流通。

2. 產業匯流，即電信、電視和資訊產業內或產業間之併購、跨業經營，涵蓋規模經濟和範疇經濟，讓產業的匯流能降低經營成本和提升經營效率。

3. 產品或服務匯流，技術和產業之匯流創造了新的產品和服務項目。

匯流概念

- 廣播與通訊、電腦、出版與印刷技術分別由三個重疊的圓圈代表。
- 三個圓圈重疊的領域也就是廣播與通訊、電腦、出版與印刷技術的匯流，這領域的成長最快、創新也最多。

英國傳播學者戈定（Peter Golding）和默多克（Graham Murdock）認為

匯流讓各種不同的傳播形式可以在同一個基礎數位載體上編碼、儲存和轉發。

學者弗林（Barry Fynn）提出的三種匯流

設備匯流	如果消費者認為不同設備的整合非常適用，那麼匯流就會發生。
網絡匯流	寬頻切換的網路結構因為「電子資訊高速公路」而發展。
內容匯流	內容匯流較難實現，因為技術是主要的障礙。

數位匯流的影響

1. 技術匯流
   ➲ 資訊流通在不同平臺，電信、傳播和資訊產業的市場界線越來越模糊。

2. 產業匯流
   ➲ 產業間之併購、跨業經營，涵蓋規模經濟和範疇經濟，讓產業的匯流能降低經營成本和提升經營效率。

3. 產品或服務匯流
   ➲ 技術和產業之匯流創造了新的產品和服務項目。

UNIT 11-4
電子殖民主義（Electronic Colonialism）

提出人：麥克菲爾（Thomas L. McPhail），加拿大傳播學者，現任美國密蘇里大學聖路易分校媒體研究教授，專長於國際傳播。

背　景：麥克菲爾在 1981 年出版的《電子殖民主義：國際廣播與傳播的前景》（*Electronic Colonialism: The Future of International Broadcasting and Communication*）一書裡，提出「電子殖民主義」之概念。本書產生於作者於 1978 年在法國巴黎採訪觀察聯合國教科文組織大會關於「世界資訊與傳播新秩序」之辯論的成果。

意　義：麥克菲爾指出，在人類歷史中，帝國的建立有幾個主要階段，第一個時期發生在希臘羅馬時代，其特徵是軍事征服，第二個時期的典型擴張運動是中世紀的十字軍。至於第三個時期，則是 17 世紀重大的機器發明，本質上是工業革命所引發的重商殖民主義，即渴望經由建立帝國來控制原料進口，並為工業產品尋找出口市場。

第三個時期止於 20 世紀中期，因為 1950 年代末期和 1960 年代初期的兩個主要改變，一是國家主義興起於第三世界，一是西方服務性經濟的轉變，本質上依賴電信體系，脫離了傳統邊界或國際傳播的科技障礙。這兩個改變，開啟了帝國擴張的第四個時期——「電子殖民主義」的時代。它不但可能取代過去的軍事和重商殖民主義，而且一個國家可能不必經過工業化的步驟，就能直接由「石器時代」進入「資訊時代」。

「電子殖民主義」是指 20 世紀時，經由傳播硬體、進口軟體，以及伴隨而來的工程師、技術人員、相關資訊彼此所建立的依賴關係，另行建立起一套外國的規範、價值、期望，可能或多或少改變本國的文化和社會過程。換言之，其擔憂的是，電子科技的發展不斷加速國際資訊的流通，會造出一種新的殖民形式，這正是第三世界國家在 1970 年代後期提出「世界資訊與傳播新秩序」之緣故。

麥克菲爾認為，電子殖民主義和 18 世紀及 19 世紀的重商殖民主義一樣令人感到憂心。重商殖民主義尋求廉價勞工來採取、挖掘、鏟移、堆積原料和成品，而電子殖民主義尋求的卻是心靈，其目的是透過眼睛、耳朵或兩者來影響那些消費了進口媒體節目者的態度、慾望、信念、生活形態、消費者意見或購買形式。例如美國著名的幼兒教育電視節目《芝麻街》（*Sesame Street*）或是描述石油大亨家族爭產內鬥的電視連續劇《朱門恩怨》（*Dallas*），都讓觀眾無意中學習西方的社會價值觀和生活方式。

廣播直播衛星的發明和使用，更加劇了低度發展國家的擔憂，因為直播衛星可能遠超過訊息傳輸的技術性和經濟層面，而造成另一套本質上是文化的、政治的和社會的不同論題。低度發展國家推崇的「發展新聞學」，則被視為試圖反制電子殖民主義。

帝國主義的擴張

帝國擴張侵略的軍事征服 ⟶ 擴張土地版圖的侵略。

帝國掠奪經濟資源的重商殖民 ⟶ 工業革命所引發的原料及市場的需求,導致第三世界國家淪為被掠奪資源的對象。

資訊社會的電子殖民 ⟶ 電子科技的發展不斷加速國際資訊的流通,帝國主義國家透過電影、音樂及網路訊息等媒介有形無形地控制第三世界國家。

國際傳播科技的發展 ➡ 建立一套文化帝國的規範、價值、期望,可能或多或少會改變第三世界國家的文化和社會。 ➡ 電子殖民主義

電子殖民主義

尋求的是心靈,其目的是透過眼睛、耳朵或兩者來影響那些消費了進口媒體節目者的態度、慾望、信念、生活形態、消費者意見或購買形式。

UNIT 11-5
普及服務（Universal Service）

提出人：美國電話電報公司（AT&T）在 1970 年代提出。

背景：1970 年代以前，「普及服務」最早的意思是指將原本相互競爭，但互不相連的電話網路整合為一個統一的電話系統。1970 年代開始，「普及服務」的概念才演變為讓人人皆能享受到便利且負擔得起的服務，當時美國電話電報公司反對政府開放電話產業，主張廢除獨占結構將威脅家有電話服務的普及化理念。

意義：「普及服務」被形容為「資訊政策的基礎」，也被認定是「電信政策中最被廣泛論及的規範之一」。普及服務的傳統觀點乃聚焦於是否能讓最多的市民不論其居所之地理位置或經濟能力的差異，皆能便利使用語音電話，因此其典型主張是「每個家庭皆有電話服務」，並且為此而對低收入與高服務成本的消費民眾實施補貼政策。此主張的道德基礎是，由於電信服務對於購物、搜尋健康資訊及社會與政治資訊非常重要，一個人若沒有了這些服務，就不算具備必需的日常生活工具。

網際網路的發明和普及，增強了電話在前述各種活動的功能，因此「普及服務」之使命變得更加廣泛，也形成更廣泛的政策問題。如今，「普及服務」之概念已成為許多國家的資訊與傳播科技政策或寬頻政策的一個重要組成部分，即要讓最多的市民，不論社經地位或居住城鄉，皆能近用網際網路。

雖然普及服務是個極具動態性的概念，其定義可能隨技術、經濟和管制的改變而改變，但整體而言，其具有下列三個基本要素：

（一）普及服務政策使命

意指到底哪些「服務項目」需要成為「普及」的問題。「普及服務」的概念演變為讓人人皆能享受到便利且負擔得起的服務之後，著重於電話網路服務的遍及性，分析單位則是家戶。晚近的兩項修正，一是普及服務的服務範圍從過去的家戶擴大到機構（例如學校、圖書館、醫療單位）；二是從家戶轉變為個人，有些國家甚至思考以「人人有手機」作為要達成的普及服務目標。

（二）普及服務相關服務項目

傳統上其範圍只在提供語音電話服務，但隨著網際網路和新式影音服務的發展，以及資訊產品與服務日益重要，普及服務的服務範圍已擴大到資訊與傳播科技和網際網路，以縮小高低社經地位的差距，或城鄉之間的「數位落差」。

（三）實現普及服務的工具

傳統上是採用一種複雜的補貼手段，即向長途電話用戶、商業用戶及都市地區用戶收取高於成本的電話費率，以使當地電話服務能維持最低的收費，並且得以補貼偏遠地區或高鋪設費用地區。如今常見的一種政策手段是設立「普及服務基金」機制，立法規定提供電信服務的公司依據其營收提撥若干比例的經費給普及服務基金。

普及服務

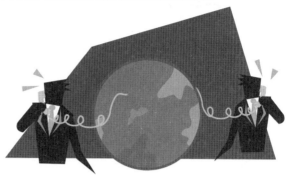

- 保證絕大多數的市民不論地理位置的差異或是貧富狀況的不同都能獲得便利又廉宜的電話服務。
- 主張「每個家庭皆有電話服務」，因為電話是日常生活必須具備的工具。
- 網際網路的發明和普及後，也要讓不同階級的市民皆能近用網際網路。

普及服務的基本要素

政策使命 	• 政策界定需要普及服務的項目。 • 政策著重於電話網路服務的普及性。 • 政策上修正普及服務的對象，從家戶擴大到機構，另外也從家戶轉變為個人作為要達成的普及服務目標。
服務項目 	• 一般普及服務只提供語音電話服務。 • 目前普及服務的服務範圍已擴大到資訊與傳播科技和網際網路，以縮小高低社經地位的差距，或城鄉之間的「數位落差」。
實現方案 	• 一般是採用補貼手段，即向長途電話用戶、商業用戶及都市地區用戶收取高於成本的電話費率，以使當地電話服務能維持最低的收費，並且得以補貼偏遠地區或高鋪設費用地區。 • 設立「普及服務基金」機制，立法規定提供電信服務的公司依據其營收提撥若干比例的經費給普及服務基金。

UNIT **11-6**
數位公民地位（Digital Citizenship）

提出人：諸家。

背　景：「數位公民地位」是因應資訊與傳播科技之發展，尤其是網際網路和數位化技術普及而衍生的概念，意在闡述在網路時代人們近用此技術行使權益之狀態。

意　義：「數位公民」意指經常且有效率地使用網際網路的人，所謂經常是以每天作為基礎，因為每天使用網際網路意味著具備足夠的技術能力和資訊素養技能，可連同一些常見近用手段有效地使用網際網路。而且，這些人善用網際網路獲取政治資訊，以履行公民義務，或是在工作中使用網際網路，以汲取經濟收益。

因而，「數位公民地位」意指在資訊時代裡，人們以在線方式追求政治與經濟參與的能力、歸屬感和潛力。換言之，它也意味著一種「社會包容」（social inclusion）與「社會排斥」（social exclusion）的分際。

「數位公民地位」雖然也處理網際網路和資訊與傳播科技的使用，以及資訊不均的現象；然而，有別於「數位落差」的是，前者強調使用的頻密程度，特別是有無每天使用，以及使用的技能，更能精確地測量數位公民地位的情況。「數位落差」關注有無近用網際網路，或是在家裡還是在圖書館等地方使用網際網路；然而，在家裡有網際網路連接，仍可能缺乏在線檢索和評估資訊的能力；不頻密地在圖書館使用網際網路，可能並不足以讓使用者培養所需的技能，或是沒有充裕的時間檢索所需的資訊。

「數位公民地位」之概念，乃源自與現代民族國家之形成密不可分的「公民地位」（citizenship）之理念，後者意指一種給予國家共同體中正式成員的地位，人們得憑著這種正式成員的地位始能行使身為公民的各種權益。在西方國家，「公民地位」理念可追溯至三個傳統——自由主義、共和主義，以及歸屬層級（ascriptive hierarchy），「數位公民地位」亦可經由此三種傳統加以理解。

1. 自由主義：公民地位賦予社會成員追求自己屬意的美好生活，且免於政府不合理干預之權利，也應享有公平競爭的均等機會。畢竟資訊與傳播科技在勞動市場已是隨處可見，掌握電腦和網際網路技能將是讓較低收入者得以獲得較高收入的工作、更好的職業保障、健保福利和全職工作的其中一個因素。

2. 共和主義：公民參與之基礎是克盡對社區的義務，以實現共同福祉，更甚於行使個人權利，這是因為共和主義思想認為，個人的福祉端賴整體的福祉。資訊科技加強資訊能力與動員公民參與，以經濟學語言論之，是科技的正面外部效應將能嘉惠更大的公共利益，例如網路新聞可能具有動員潛力，提高政治參與和民主化。

3. 歸屬層級：往昔曾有大量人口因歸屬特徵如種族或性別而未能享有公民地位，如今仍然有些正式享有法律平等地位的人，實際上還在遭受歧視和被剝奪機會，這種不平等亦形塑了在線社會，是以才有所謂數位落差現象。

數位公民地位

- 人們行使網際網路和數位化技術的權益,及近用此技術之狀態。
- 人們具備足夠的技術能力和資訊素養技能,可以每天有效地近用網際網路。
- 人們可以善用網際網路獲取政治資訊,以履行公民義務,或是在工作中使用網際網路,以汲取經濟收益。

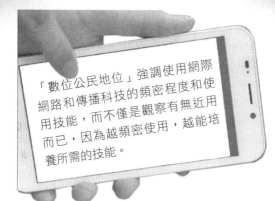

「數位公民地位」強調使用網際網路和傳播科技的頻密程度和使用技能,而不僅是觀察有無近用而已,因為越頻密使用,越能培養所需的技能。

數位公民地位		
自由主義	公民地位賦予社會成員追求自己屬意的美好生活,且免於政府不合理干預之權利,也應享有公平競爭的均等機會。	
共和主義	公民參與之基礎是克盡對社區的義務,以實現共同福祉,更甚於行使個人權利,這是因為共和主義思想認為,個人的福祉端賴整體的福祉。	
歸屬層級	往昔曾有大量人口因歸屬特徵如種族或性別而被未能享有公民地位,如今仍然有些正式享有法律平等地位的人,實際上還在遭受歧視和被剝奪機會,這種不平等亦形塑了在線社會,是以才有所謂的數位落差現象。	

UNIT 11-7
數位民主（Digital Democracy）

204

提出人：哈克（Kenneth L. Hacker），美國新墨西哥州立大學傳播學系教授。狄傑克（Jan van Dijk），荷蘭屯特大學傳播系教授。

背　景：哈克和狄傑克在 2000 年合編的《數位民主：理論與實踐之問題》（*Digital Democracy: Issues of Theory and Practice*）一書之第一章〈何為數位民主？〉，開宗明義地闡述數位民主之概念。

意　義：「數位民主」意指在各類媒體中使用資訊與傳播科技及電腦中介傳播（包含網際網路、互動廣播和數位電話），藉以提升政治民主或公民在民主的傳播過程中的參與程度。其他常見的相若詞彙有「虛擬民主」（virtual democracy）、「電訊民主」（teledemocracy）、電子民主（electronic democracy）和「網絡民主」（cyberdemocracy），但是這些詞彙皆有不同的意涵，包括對民主的理念亦有差異。

哈克和狄傑克為「數位民主」所下的定義為：「在不受時間、地點及其他物理條件限制的情況下，利用資訊與傳播科技或電腦中介傳播（computer-mediated communication）實踐民主之各種嘗試，作為傳統『類比』政治實踐的附加（addition），而不是替代（replacement）。」換言之，「數位民主」意味著公民試圖重新奪回並實踐其應享有卻已經或正在失去的公民權利（citizenship），包括近用媒體作為發聲管道與多元資訊的來源，意即從事政治參與的機會與能力。然而，由於舊有的傳播手段仍有其效用，因此新的傳播科技是替換（displace）更甚於完全替代舊有的傳播手段。

是以，哈克和狄傑克認為，數位民主的實踐所展示的是結合虛擬與有機現實，將資訊與傳播科技及電腦中介傳播和其他媒體連接，而且最重要的是還具備面對面傳播之條件。

至於政治性的資訊與傳播科技和電腦中介傳播對民主產生哪些效果，他們歸納指出，學界和媒體盛行之主張有下列九項：

1. 資訊與傳播科技擴大和提高資訊供應的範圍與速度，有助於培養耳聰目明的公民。

2. 政治參與更為便利容易，而且一些障礙如冷漠、羞怯、殘疾、時間等，皆可減少。

3. 電腦中介傳播開創新的組織方式，讓特定主題的團體組織討論及享有低廉的傳布成本。

4. 網路使新的政治社群得以在免受國家干預的情況下崛起。

5. 層級分明的政治制度，因政治性電腦中介傳播的增加而日益橫向發展。

6. 在為政府營造議程的過程中，將有更多公民的聲音。

7. 電腦中介傳播有助於清除扭曲的中介者，如新聞工作者、民意代表和政黨。

8. 政治將能夠更直接地回應公民所關注之事，這是因為資訊與傳播科技及電腦中介傳播使一種政治行銷研究得以開展。

9. 資訊與傳播科技及電腦中介傳播有助於解決代議制民主的難題，例如以地理劃分選區之限制等。

數位民主

定義

- 資訊與傳播科技或電腦中介傳播（computer-mediated communication）作為實踐民主的通道。
- 數位傳播可以突破時間、空間等局限，能更自由的傳播資訊。
- 數位民主作為傳統「類比」政治實踐的附加（addition），而不是替代（replacement）。

延伸解釋

- 數位傳播提供了更多的機會，讓公民能有試圖重新奪回並實踐其應享有卻已經或正在失去的公民權利（citizenship）的可能性。
- 數位傳播提升了公民發聲機會及多元資訊來源的優勢，讓公民能近用媒體，提高從事政治參與的機會與能力。
- 新的傳播科技是替換（displace）更甚於完全替代舊有的傳播手段。

數位傳播對民主產生的效果

1. 資訊與傳播科技擴大和提高資訊供應的範圍與速度，有助於培養更精明的公民。

2. 政治參與變得更便利，而且減少一些冷漠、羞怯、殘疾、時間等障礙。

3. 電腦中介傳播開創新的組織方式，讓特定主題的團體組織討論及享有低廉的傳布成本。

4. 網路使新的政治社群得以在免受國家干預的情況下崛起。

5. 層級分明的政治制度，因政治性電腦中介傳播的增加而日益橫向發展。

6. 在為政府營造議程的過程中，將有更多公民的聲音。

7. 電腦中介傳播有助於清除扭曲的中介者，如新聞工作者、民意代表和政黨。

8. 政治將能夠更直接地回應公民所關注之事，這是因為資訊與傳播科技及電腦中介傳播使一種政治行銷研究得以開展。

9. 資訊與傳播科技及電腦中介傳播有助於解決代議制民主的難題，例如以地理劃分選區之限制等。

UNIT **11-8**
數位落差（Digital Divide）

206

提出人：美國商務部國家電訊與資訊管理局（National Telecommunications and Information Administration）。

背　景：「數位落差」一詞之普及，幾乎公認美國柯林頓政府時期商務部國家電訊與資訊管理局（NTIA）主任艾爾威（Larry Irving）厥功至偉，但艾爾威歸功於該局在 1995 年至 2000 年的四次全國性家庭調查對「數位落差」這個詞彙的流行、普及及再定義發揮了催化作用。

意　義：「數位落差」意指得以近用最新資訊科技的人，和未能近用這些資訊科技的人之間，在知識取得、財富累積及社會地位方面產生差距的現象。數位落差並不僅指謂一國之情況，亦可指謂國際間資訊發達程度不一的現象，例如歐美的網際網路普及率遠高於亞洲國家。

在「數位落差」此一詞彙尚未流行之前，已有「資訊富者」（information-haves 或 information rich）和「資訊窮者」（information-have-nots 或 information poor）之類的詞彙指謂「資訊不均」（information inequality）的現象；只是在網際網路盛行之前，資訊不均的調查主要是集中在電話、個人電腦和數據機的近用情況，美國國家電訊與資訊管理局在 1995 年展開的大規模調查就是一例。

到了 1998 年，NTIA 的跟進調查，以「數位落差」為副題，並有一些圖表處理上網情況。不過，第一次具體提到網際網路普及率，是在 1999 年的調查，其報告書副題是「定義數位落差」（Defining the Digital Divide），這份調查報告明確指出：在資訊社會中，個人電腦及網際網路等資訊工具，對於個人的經濟成就及生涯發展具有關鍵性的影響力，有無電腦及運用電腦能力的高低將成為主宰貧富差距的力量。

造成數位落差的因素包括：收入（收入較高者的電腦擁有率較高）、種族（白人比黑人較多使用網際網路）、教育程度（大學畢業比小學畢業更常用網際網路）、家庭類型（雙親或單親家庭、成員多寡），以及居住地區（網際網路在城市比鄉村普及）等。由是觀之，數位落差可說是既有社會經濟地位不平等現象的反映。

荷蘭學者狄傑克（Jan van Dijk）認為，數位落差這個簡化了社會分化現象的比喻使得一個複雜且抽象的議題引起關注，但是它卻造成了下列四個誤解：

1. 數位落差的比喻以一道鴻溝將兩組群體明確分割，然而當代社會卻可看到日益複雜的社會、經濟與文化分化情況，在資訊精英和數位文盲之間，還有一大群人口在一定程度上使用數位技術從事不同的近用方式。

2. 數位落差的錯誤內涵意指該落差是無法彌合的，但數位科技傳布初期的情況並非如此，反而是意圖防止不均的決策，造成無法彌合的結構性鴻溝。

3. 數位落差產生的印象是落差是一種絕對的不均現象，但事實上，近用數位科技不均的現象更多是相對的，例如有些人比較早，而有些人比較遲。

4. 誤以為只有一個單一的數位落差，但實際情況更為複雜，至少並存四種落差：動機、物質、技能和使用。

數位落差

- 使用個人電腦及網際網路等資訊工具的便利性差距，也在知識取得、財富累積及社會地位方面產生差距的現象。
- 數位落差可以是國內公民近用媒體的差距，也可以是國際間資訊發達程度不一的現象。

數位落差的因素

1. 收入（收入較高者的電腦擁有率較高）。

2. 種族（白人比黑人較多使用網際網路）。

3. 教育程度（大學畢業比小學畢業更常用網際網路。

4. 家庭類型（雙親或單親家庭、成員多寡）。

5. 居住地區（網際網路在城市比鄉村普及）。

數位落差的誤解

1. 數位落差的比喻以一道鴻溝將兩組群體明確分割，然而當代社會卻可看到日益複雜的社會、經濟與文化分化情況，在資訊精英和數位文盲之間，還有一大群人口在一定程度上使用數位技術從事不同的近用方式。

2. 數位落差的錯誤內涵意指該落差是無法彌合的，但數位科技傳布初期的情況並非如此，反而是意圖防止不均的決策，造成了無法彌合的結構性鴻溝。

3. 數位落差產生的印象是落差是一種絕對的不均現象，但事實上，近用數位科技不均的現象更多是相對的，例如有些人比較早，而有些人比較遲。

4. 誤以為只有一個單一的數位落差，但實際情況更為複雜，至少並存四種落差：動機、物質、技能和使用。

UNIT 11-9
假新聞（Fake News）

提出人：諸家。

背　景：自網際網路普及以來，人們雖意識到網路充斥許多不實訊息，但是「假新聞」一詞的普及使用，可歸因於 2016 年美國總統大選，一般認定社群媒體瘋傳的「假新聞」影響了選舉結果，幫助川普打敗強勁對手希拉蕊。

意　義：科林斯英語詞典在 2017 年圈選「假新聞」一詞為「風雲詞彙」（word of the year），指出「假新聞」最初是在美國電視上播出，描述「以新聞報導為幌子傳播的虛假、通常聳人聽聞的訊息」，其使用量自 2015 年以來一直在攀升，無處不在。

社群媒體興起，人人皆可產製聳人聽聞的不實內容，並輕易地在社群媒體瘋傳，加劇了「假新聞」現象。美國知名假新聞作者霍納（Paul Horner）曾設立一個和美國廣播公司 ABC News 相似的「abc NEWS」網站，在 2016 年美國總統選舉期間杜撰許多關於川普和希拉蕊的假新聞，影響甚大，以致他自詡，多虧有他，川普方能入主白宮。

假新聞也是國家資助的產物，臉書在 2017 年證實，發現俄羅斯影子公司在臉書投放超過十萬美元、共三千多則內容為試圖激化美國社會意識形態分歧的社會議題廣告，影響 2016 年美國總統大選。英國首相梅伊亦曾指責俄羅斯總統普丁培植假新聞破壞西方國家。自由之家（Freedom House）在 2017 年揭露，全球三十個國家付費給「輿論塑造者」在網路上推廣宣傳。

英國《每日電訊報》作者卡森（James Carson）指出假新聞出於不同動機和行動者，包括：(1) 為了商業利益而炒作聳人聽聞的內容；(2) 國家資助的誤傳訊息；(3) 黨派色彩強烈的新聞網站；(4) 社群媒體既有的內容；(5) 諷刺或戲仿媒體。

不過，「假新聞」一詞之使用不無爭議，因為不僅是川普當成口頭禪來反擊批評他的主流媒體，世界各地威權國家的領導人亦利用「假新聞」一詞攻擊批評者，甚至用於故意破壞民主制度。因此，有學者建議改用「訊息扭曲」（information disorder）來指代數位世界的謠言問題。

臺灣的其中一個重大假新聞案例，是「燕子」颱風於 2018 年 9 月重創日本關西機場，媒體競相報導臺灣駐日辦事處救援臺僑不力、中國派專車接送等未經證實的假新聞，導致臺灣駐大阪辦事處處長蘇啟誠因不堪輿論壓力而自殺之憾事。事後，國家通訊傳播委員會公告將對傳播假新聞的廣電媒體處以最高兩百萬元的罰金。2018 年 12 月 13 日，行政院會通過七項修法草案，將散布假訊息的法律要件明確化，提高刑度或罰鍰將函請立法院審議。

此外，媒體觀察教育基金會和優質新聞發展協會於 2018 年 7 月 31 日設立「臺灣事實查核中心」網站，任務主要為執行公共事務相關訊息的事實查核，提升臺灣資訊生態與新聞品質為宗旨，是臺灣第一個與國際規範接軌的事實查核機制。

行政院打擊假新聞的七項修法草案

法案名稱	修正條文
核子事故緊急應變法	明知是不實的災害或核災訊息，足生損害公眾或他人者，處三年以下有期徒刑、拘役或一百萬元以下罰金；致人於死則處無期徒刑或七年以上有期徒刑，致重傷者處三到十年有期徒刑。
災害防救法	
食品安全衛生管理法	散播食品安全之謠言或不實訊息，足生損害於公眾或他人者，處三年以下有期徒刑、拘役或一百萬元以下罰金。
廣播電視法	製播新聞違反事實查證原則，致損害公共利益，處一百萬元以下罰金。
傳染病防治法	散播有關傳染病流行疫情之謠言或不實訊息，足生損害於公眾或他人者，處一百萬元以下罰金。
糧食管理法	散播影響市場糧食交易價格或主管機關執行糧食產銷、收購公糧計畫之謠言或不實訊息，足生損害農民收益或消費者權益者，處六萬元以上、三十萬元以下罰金。
農產品市場交易法	散播影響農產品交易價格之謠言或不實訊息，足生損害農產品運銷秩序者，處六萬元以上、三十萬元以下罰金。

資料來源：行政院。

臉書：不實報導的辨認訣竅

1. 對標題持懷疑態度
- 不實報導往往會利用全部英文大寫文字且內含驚嘆號的聳動標題吸引目光。如果標題內容震撼到令人難以置信的地步，那就很有可能是不實報導。

2. 仔細留意連接
- 假冒或是使用與其他網站相似的連結，都是警示不實報導的跡象。許多不實報導的網站都會在連結上動手腳，偽裝成真實的新聞來源。您可以前往這些網站，與知名新聞來源的連結做比較。

3. 調查新聞來源
- 確定報導出自具有公信力的新聞來源。如果報導來自您不熟悉的組織，請查看該組織的「關於」區塊以進一步了解並判斷。

4. 注意不尋常的格式
- 許多不實報導的網站都會出現錯字或奇怪的排版。如果您發現這些跡象，請多加留意。

5. 檢查相片
- 不實報導經常使用經篡改的圖像或影片，有時候也會盜用真實的相片來斷章取義、混淆視聽；因此您可以搜尋這些相片或圖像來確認原始出處。

| 6. 檢查日期 | • 不實報導可能會出現不合理的時間順序，或是篡改事件的發生日期。 |

| 7. 查核證據 | • 檢查作者的資料來源，以確認報導內容的正確性。如果證據不足或找來匿名的專家背書，就有可能是不實報導。 |

211

| 8. 參考其他報導 | • 如果沒有其他新聞來源報導同樣的內容，便可能是不實報導；如果有多個具公信力的來源都報導了相同的內容，則新聞內容較可能屬實。 |

| 9. 報導是否只為博君一笑？ | • 有時候，不實報導和幽默或反諷只有一線之隔。您可以看看新聞來源是否以嘲弄時事著稱，以及報導的細節和語調是否帶有玩笑意味。 |

| 10. 刻意捏造的報導內容 | • 閱讀報導時，記得保有批判性思考，並僅分享您認為可信的新聞。 |

資料來源：臉書（Facebook）。

UNIT 11-10
數據新聞學（Data Journalism）

提出人：諸家。

背　景：網際網路以開放與自由見稱，民主相對成熟的各國政府盛行政府資料公開，許多網路行動者也支持和推動開放原始碼精神，歡迎網民各取所需善加利用。海量的資料形成大數據（big data）現象，帶動媒體以大數據為基礎，並使用圖像化和可視資料處理新聞的新風潮。

意　義：數據新聞學意指善用各式各樣的數據處理新聞，它與傳統的新聞形式的不同之處，是把傳統的新聞敏感性和有說服力的敘事能力結合海量的數位化訊息，再以圖像和視頻等多媒體形式呈現複雜的故事。

記者出身的德國資訊科技專家兼數據新聞學先驅洛倫茨（Mirko Lorenz）指出，數據新聞學的完整工作流程包括：(1) 數據：首先將資料純淨化、結構化，以便「深入挖掘大數據」。(2) 過濾：挖掘特定資訊來「過濾資料」。(3) 將資料做「視覺化」處理成圖片或多媒體形式。(4) 將乾燥無趣的統計數字與傳統的說故事結合起來，完成新聞報導。(5) 創建對讀者／使用者有價值的媒體。

在英國伯明翰城市大學領導數據新聞學課程的布拉德肖（Paul Bradshaw）教授以傳統新聞學的倒金字塔結構延伸出數據新聞學的雙倒金字塔結構 ——倒金字塔和正金字塔各一，前者通過「傳播」連接後者。

倒金字塔由上而下依序是：

(一) 彙整

彙整的資料來源包括某個組織直接供給、使用進階檢索技術深入政府網站挖掘、使用工具汲取隱藏在網路表單或頁面的數據庫、使用工具將文件轉換成可分析的內容、從應用程式界面提取資訊，以及透過個人的觀察、調查、網路表單或眾包蒐集數據。

(二) 清理

意指清除人為錯誤（例如重複條目、空白條目、格式不正確等），以及將數據轉換成與正在使用的其他數據一致的格式。

(三) 脈絡

數據和其他消息來源一樣，並不總是可信的，因為數據有其歷史、偏見和目標，因此使用者必須問何人、何時蒐集這些數據，又是出於何種目的等問題。

(四) 結合

單一數據集固然可以產生好故事，但是記者經常得將兩種數據集結合在一起，經典的結合就是地圖混搭 ——獲取一個數據集並將其與地圖數據結合，以便即時顯示某些事情在空間中的分布情況。

完成上述步驟之後，就得善用六種方式將新聞「傳播」出去，即：視覺化（使用圖表或動畫）、敘事（說好故事）、社交化（善用網路的連通性廣傳新聞）、人性化（讓抽象的數據展現人性關懷）、個性化（使用者可輸入條目來控制呈現眼前的資訊）及應用化（根據數據創建某種工具讓讀者使用）。這六種方式以正金字塔結構排列。

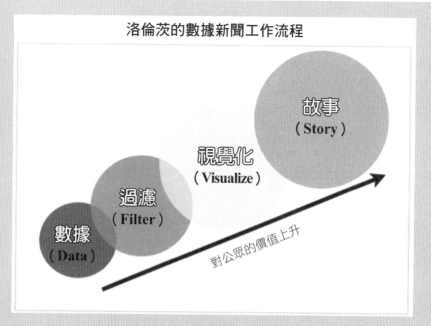

洛倫茨的數據新聞工作流程

故事
（Story）

視覺化
（Visualize）

過濾
（Filter）

數據
（Data）

對公眾的價值上升

圖片取自：https://de.slideshare.net/escacc/data-driven-journalismperiodisme-de-dades?from_search=6

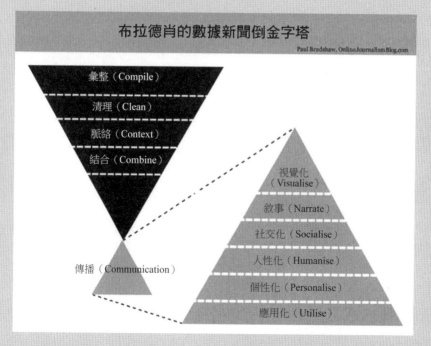

布拉德肖的數據新聞倒金字塔

Paul Bradshaw, OnlineJournalismBlog.com

彙整（Compile）

清理（Clean）

脈絡（Context）

結合（Combine）

視覺化
（Visualise）

敘事（Narrate）

社交化（Socialise）

人性化（Humanise）

個性化（Personalise）

應用化（Utilise）

傳播（Communication）

圖片取自：https://onlinejournalismblog.com/2011/07/07/the-inverted-pyramid-of-data-journalism/

第 12 章
傳播權

● 章節體系架構 ▼

UNIT **12-1** 媒體識讀（Media Literacy）

提出人：諸家。

背　　景：媒體識讀教育最早於 1930、1940 年代在歐美的英語系國家陸續推廣，臺灣教育部則業已在 1992 年發表《媒體素養教育政策白皮書》，宣示從小學以迄成人教育全面推動識讀課程，以便養成具備主體意識、能夠獨立思考的理想公民，進而實現「健康的媒體社區」之遠景。

意　　義：「媒體識讀」乃英文 Media Literacy 之中譯，另有「媒體素養」及「媒體公民教育」等中譯。「識讀」雖是新創詞彙，但它最接近 Literacy 之中文字面，即讀寫能力，而且「識」、「讀」之「審查」、「判別」、「辨認」及「閱讀」、「研習」意含，吻合媒體教育所欲推廣的知能，亦能直接反映 Literacy 的基本意涵。

　　簡單地說，媒體識讀意在培養一種能力，使身處於琳琅滿目的媒體模式、文類和形式之中的人們，得以分析、評估，乃至創造訊息。它還應強調「批判」的知能，意即具備挑精擇肥的本領，不可毫無保留地接收媒體訊息，更要對媒體根深柢固的一言堂式宰制展開質疑和批判。

　　長期從事媒體識讀的臺灣學者余陽洲曾梳理出下列三個簡繁程度有別、分具特色的定義：

1.「媒體識讀」是一種閱聽人接觸媒體時，積極藉以詮釋訊息意義的觀點。所謂的「觀點」（perspective）意指人們認知理解事物的知識結構，即看待事物的立場或角度；知識結構有別，每個人對媒體的認識與意義解讀，自然各有不同。是以，閱聽人倘有能力移換位置或角度，得以欣賞領會的媒體／訊息意涵，亦將更為豐富。

2.「媒體識讀」指透過印刷與非印刷的種種格式，近用、分析、評估及傳播資訊的能力。此定義廣為北美媒體教育組織認肯，不但包含識讀的讀（理解）、寫（創造、設計、產製）才能，也融入寄寓在「分析」與「評估」之中的批判力。

3.「媒體識讀」協助學習者，針對大眾媒體的本質、運作技術及衝擊，發展出透徹和批判性的理解。意即識讀教育的目標是增進學習者了解和欣賞媒體如何運作、產製意義、組織，以及建構真實，並賦予學習者創造傳媒產物的能力。

　　媒體識讀教育之概念／原則可歸納為下列四項：

1. 人們生活在一個媒體建構的世界當中，閱聽人的見聞可能是人為（有意或無心）形塑，未必是真實自然的。

2. 媒體的運作與表現隱含意識形態——出資者的價值觀／利益，因此，閱聽人必須注意，或甚至提防的是，媒體難免充當其「幕後老闆」的代理人。

3. 媒體擁有獨特的符碼形式、美學觀，以及作業常規；媒體的類別形式決定其訊息結構，進而影響閱聽人對內容的感知與評估。

4. 媒體訊息的意義，其實可以由接收者決定；因此，閱聽人不必完全接受，甚至可以拒絕或否定媒體所傳達的意義。

媒體識讀

- 培養一種能力，使身處於琳琅滿目的媒體模式、文類和形式之中的人們，得以分析、評估，乃至創造訊息。
- 它還應強調「批判」的知能，意即具備挑精擇肥的本領，不可毫無保留地接收媒體訊息，更要對媒體根深柢固的一言堂式宰制展開質疑和批判。

1. 人們生活在一個媒體建構的世界當中，閱聽人的見聞可能是人為（有意或無心）形塑，未必是真實自然的。

2. 媒體的運作與表現隱含意識形態——出資者的價值觀／利益，因此，閱聽人必須注意，或甚至提防的是，媒體難免充當其「幕後老闆」的代理人。

3. 媒體擁有獨特的符碼形式、美學觀，以及作業常規；媒體的類別形式決定其訊息結構，進而影響閱聽人對內容的感知與評估。

4. 媒體訊息的意義，其實可以由接收者決定；因此，閱聽人不必完全接受，甚至可以拒絕或否定媒體所傳達的意義。

UNIT 12-2
媒體近用權（The Right of Access to the Media）

提出人：巴倫（Jerome A. Barron, 1934-），美國法學學者，喬治華盛頓大學法學教授。

背景：巴倫在 1967 年發表之期刊論文〈近用報紙：第一修正案的新權利〉（Access to the Press: A New First Amendment Right）裡，首次提出媒體近用權，作為新的言論自由權概念，隨後幾年發表其他論著申論此概念。

意義：「媒體近用權」是在政治與經濟勢力壟斷媒體，造成大眾言論表達不公的情況下提出的一種積極性言論自由權，以美國作為理解背景，意指一種法律上可強制執行之權利，一般私人可根據該權利無條件地或在一定的條件下，要求媒體提供版面（如報紙）或時間（如廣播或電視）允許私人免費或付費使用，藉以表達其個人之意見。

媒體近用權至少可基於兩個理論：
1. 健全及維護言論思想之自由市場（marketplace of ideas），由於媒體是公認公眾討論的最佳平臺，因此賦予個人媒體近用權，將能增加言論自由市場中意見的多樣性，進而維護言論自由市場之有效運作。
2. 實踐平等的自由權理念，人人皆應享有同等之自由權，藉以保障每個人都受到與他人一樣平等的關係和尊重，確保每個人獨立自主之尊嚴。在現代社會中，各類大眾媒體均應視為一種「公共論壇」，開放給大眾公平使用。

臺灣法學學者林子儀分析歸納出適用於報紙及廣播與電視的媒體近用權類型：

報紙

適用於報紙的媒體近用權類型有：
1. 答覆權，例如美國佛羅里達州立法規定，任何報紙在公職競選期間在報紙上攻擊候選人之人格，或報導或指責該候選人在公職任內有不適任或怠忽職守之情事等，在接到被攻擊之候選人之請求後，應立即免費在報紙顯著之版面，以相同之印刷，在不超過原先批評所用之版面之空間範圍內，刊登該候選人之答覆。
2. 設立「讀者投書專欄」，且不可以觀點或主題之理由拒絕刊登。
3. 付費刊登評論性廣告，即接受一般私人以付費給特定媒體，要求該媒體空出篇幅或時間，以廣告形式刊載或播出該人對某議題之個人評論。

廣播與電視

適用於廣播與電視的媒體近用權類型有：
1. 合理使用頻道原則，即廣電媒體必須為競選聯邦公職之合格候選人提供合理使用其廣播系統和設備之機會。
2. 機會均等原則，又稱為「時間均等原則」，即在公職競選期間，廣電媒體同意某一候選人以付費或免費方式使用其頻道者，必須給予競選同一公職的其他候選人有以同等條件，在同樣時段，使用其頻道之同等機會。
3. 公平原則，第一部分規定廣電媒體必須適當報導重要公共事務中有爭議性之議題，第二部分則規定廣電媒體相當平衡地報導具有爭議性之議題。
4. 讀者投書。

媒體近用權

- 在政治與經濟勢力壟斷媒體，造成大眾言論表達不公的情況下提出的一種積極性言論自由權。
- 以美國作為理解背景，意指一種法律上可強制執行之權利，一般私人可根據該權利無條件地或在一定的條件下，要求媒體提供版面（如報紙）或時間（如廣播或電視）允許私人免費或付費使用，藉以表達其個人之意見。

媒體近用權類型

報紙	廣播與電視
1. 答覆權 • 任何報紙在公職競選期間在報紙上攻擊候選人之人格，或報導或指責該候選人在公職任內有不適任或怠忽職守之情事等。 • 在接到被攻擊之候選人之請求後，應立即免費在報紙顯著之版面，以相同之印刷，在不超過原先批評所用之版面之空間範圍內，刊登該候選人之答覆。	1. 合理使用頻道原則 • 廣電媒體必須為競選聯邦公職之合格候選人提供合理使用其廣播系統和設備之機會。
2. 設立「讀者投書專欄」 • 不可以觀點或主題之理由拒絕刊登。	2. 機會均等原則 • 必須給予競選同一公職的其他候選人有以同等條件，在同樣時段，使用其頻道之同等機會。
3. 付費刊登評論性廣告 • 即接受一般私人以付費給特定媒體，要求該媒體空出篇幅或時間。 • 以廣告形式刊載或播出該人對某議題之個人評論。	3. 公平原則 • 適當報導重要公共事務中有爭議性之議題。 • 平衡地報導具有爭議性之議題。
	4. 讀者投書。

UNIT 12-3
傳播權（The Right to Communicate）

提出人：達爾西（Jean D'Arcy, 1913-1982），法國學者，他提出傳播權概念時，擔任聯合國駐紐約的新聞辦公室廣播與視覺組主任。自 1969 年提出傳播權概念，直到 1982 年辭世為止，他都致力於參與關於傳播權的討論，有些人因而認為他是傳播權之父。

背　景：達爾西在 1969 年發表的論文〈直播衛星與人的傳播權〉（Direct Broadcast Satellites and the Right of Man to Communicate）裡提出，總有一天，1948 年《世界人權宣言》第 19 條所闡述的言論自由權得涵蓋一項更重要及更全面的權利，那就是人的傳播權。此後，聯合國和其他國際性非政府組織積極展開關於傳播權的討論，豐富傳播權概念之內涵。

意　義：達爾西之所以提出傳播權，乃有感於蘇聯和美國先後於 1957 年和 1958 年發射人造衛星之後，將人類帶入直播衛星廣播的時代。直播衛星對傳統通訊模式造成根本性的衝擊，國家主權和通訊管制策略都面臨嚴重挑戰。研發和從事直播衛星廣播的國家，既需有先進的科技研發基礎，也需有厚實的經濟實力，經濟和科技發展較落後的開發中和低度開發國家，便處於極大的落差。如此一來，沒有能力從事直播衛星傳播的國家及人民，其傳播行為與可能性勢必受到極大的限制乃至剝奪。

處於這種新的傳播格局裡，傳統的各種人權項目如新聞自由、言論自由或資訊權消極性權利，都無法保障進入衛星通訊科技時代的傳播問題，因此務必提出新的權利，以保障人們的新形態傳播。但是，達爾西強調，作為新權利的傳播權並非取代舊的權利，而是加以補足。

傳播權概念提出後，引起聯合國、非政府組織及學界熱烈迴響。聯合國教科文組織在 1980 年與國際傳播學會（International Institute of Communications）成立工作小組，就傳播權之概念達成共識，主張將傳播權視為一個意在促進傳播與資訊相關權利之形成的獨立概念，並且具體描述傳播權為：「人人有傳播權。傳播為一基本的社會過程，其使得個人或社群能交換資訊及意見。傳播為一個基本人類需求，及所有社會組織的基礎。傳播權屬於個人及社群。」

總體而言，傳播權概念可歸納為四種：

1. 傳播活動是人類與生而俱來的本能，仰賴傳播行為而生存及發展，因此傳播權應是人類的基本權益之一。
2. 傳播權不僅是個人的自然權利，同時也應是公民的社會權利。
3. 傳播權不僅有利於個人個性的發展與完善，更有助於促進社會的發展，同時也促使人類的傳播手段更好地發揮其功能。
4. 傳播權可以包含迄今為止人類已享有的所有社會性權利概念內容，例如知情權、近用權，以及言論自由、新聞自由、通訊自由等概念。

傳播權

- 人人有傳播權。傳播為一基本的社會過程，其使得個人或社群能交換資訊及意見。
- 傳播為一個基本人類需求，及所有社會組織的基礎。傳播權屬於個人及社群。

1. 傳播活動是人類與生而俱來的本能，仰賴傳播行為而生存及發展，因此傳播權應是人類的基本權益之一。

2. 傳播權不僅是個人的自然權利，同時也應是公民的社會權利。

3. 傳播權不僅有利於個人個性的發展與完善，更有助於促進社會的發展，同時也促使人類的傳播手段更好地發揮其功能。

4. 傳播權可以包含迄今為止人類已享有的所有社會性權利概念內容，例如知情權、近用權，以及言論自由、新聞自由、通訊自由等概念。

UNIT 12-4
第四權（The Fourth Estate）

提出人：斯圖爾特（Potter Stewart, 1915-1985），美國聯邦最高法院大法官，他在刑事司法改革、民權、向法院提起訴訟權及美國憲法第四修正案判例皆有重大貢獻。

背　景：斯圖爾特於 1974 年 11 月 2 日在耶魯大學演講時，根據新聞媒體在現代社會的重要功能，提出「第四權理論」。

意　義：所謂「第四權」之說，是相對於西方的立法、司法與行政三權分立的民主政體而言。斯圖爾特的「第四權理論」，乃主張憲法保障新聞自由的目的，就在保障一個有組織的新聞媒體，使其能成為政府三權之外的第四種權力，以監督政府，防止政府濫權，發揮制度性的功能。後來亦有學者稱之為「看門狗功能理論」（the watchdog function theory）。

斯圖爾特提出第四權理論，主要是因為觀察到新聞媒體在越戰期間的調查性報導，以及與美國政府行政部門相抗衡的角色功能，開始受到美國人民的注意；而且新聞媒體鍥而不捨地追蹤調查和報導「水門案」，導致尼克森總統下臺，更使人們深切地認識到新聞媒體監督政府所能發揮的效果。雖然如此，人們卻也對新聞媒體所行使的權力是否合法正當，感到疑惑。第四權理論意在說明，新聞媒體監督政府的功能，正是美國憲法「新聞自由」所設之目的。

斯圖爾特扼要分析美國聯邦最高法院有關新聞媒體主張新聞自由的案件，包括誹謗案件、新聞記者不洩露消息來源之特權案件、媒體近用權案件及報導國家機密案件，並總結認為，法院在解釋憲法所保障的新聞自由時，是將之當作一種制度性組織的條款加以了解，其保障的是新聞媒體，是以它和保障一般人的言論自由是不同的。

臺灣法學學者林子儀認為，第四權理論可歸納為三個重點：

1. 該理論基本上是從民主理論出發，認為政府如果濫權將會產生相當大的弊害，為了防止政府濫權，政府應受監督；因此，該理論可說是以如何健全民主社會為立論的目的。

2. 該理論是從事實上的觀察及經驗，以肯定現代新聞媒體足以擔負的監督政府的功能或角色，作為立論的基礎。

3. 將憲法保障新聞自由的條款解釋為制度性的組織條款，認為憲法保障新聞自由，就是要發揮新聞媒體的自主性，以發揮監督政府的功能。

根據第四權理論建構的新聞自由具有下列五項特性：

1. 新聞自由為一種制度性的基本權利，而非一種個人性的基本權利。

2. 享有新聞自由之權利主體為新聞媒體，而非一般大眾。

3. 新聞自由是一種工具性的基本權利。

4. 新聞自由並非是以保障或促進新聞媒體自身的利益為中心。

5. 新聞自由提供新聞媒體一些言論自由保障之外的特別保障。

4
媒體

223

新聞媒體成為：

- 西方的立法、司法與行政三權分立的民主政體之外的第四種權力。
- 以監督政府，防止政府濫權，發揮制度性的功能。
- 後來亦有學者稱之為「看門狗功能理論」（the watchdog function theory）。

第四權理論

1. 為了防止政府濫權，政府應受監督；因此，該理論可說是以如何健全民主社會為立論的目的。

2. 事實上的觀察及經驗，以肯定現代新聞媒體足以擔負的監督政府的功能或角色，作為立論的基礎。

3. 將憲法保障新聞自由的條款解釋為制度性的組織條款，認為憲法保障新聞自由，就是要發揮新聞媒體的自主性，以發揮監督政府的功能。

第四權理論建構的新聞自由特性

1. 新聞自由為一種制度性的基本權利，而非一種個人性的基本權利。
2. 享有新聞自由之權利主體為新聞媒體，而非一般大眾。
3. 新聞自由是一種工具性的基本權利。
4. 新聞自由並非是以保障或促進新聞媒體自身的利益為中心。
5. 新聞自由提供新聞媒體一些言論自由保障之外的特別保障。

UNIT 12-5
公共廣電服務（Public Service Broadcasting）

提出人：約翰・芮斯（Sir John Reith, 1889-1971），英國廣播協會（BBC）創辦人，1922年創立時的第一任總經理（1922年），1927年轉型為公共機構之後的第一任總監。

背景：芮斯領導英國廣播協會期間擘畫的公共廣電服務使命，迄今仍被全球同類型機構奉為圭臬，英國廣播協會則成為公共廣電服務之表率。

意義：「公共廣電服務」的定義隨時空變化而經常修訂，1980年代初期由英國廣電審議組（Broadcasting Review Unit）提出、經常為人所引用的公共廣電服務原則為：容許公眾普遍近用之服務；內容涵蓋各個階層，呈現社會生活樣貌；為少數族群提供服務，特別是身心障礙或社經弱勢者；為公共領域服務，獨立自主，不受政、商或特定利益所干預；以教育公眾為己任；提供觀眾優質節目，鼓勵內容品質創新與提升；保障並尊重創作自由。

世界廣播與電視會議（World Radio and Television Council）在2002年發表的報告，重申公共廣電服務的三項基本原則：(1)普遍性——每位社會成員皆能近用並欣賞其內容；(2)多樣性——應在節目類型、目標閱聽眾及內容三方面呈現多樣性；(3)獨立性——應成為排除政、商力量介入的公民論壇。另加第四項原則為差異性，即公廣服務應致力於創新，產製出與其他廣電相較後具有差異性、辨識度的內容。

公共廣電服務的理論意義，最常與哈伯瑪斯的「公共論域」扣上關聯，即在國家與市場之外創造出屬於公民社會運作的場域空間。它是傳播公民權的具體實踐，因此公共廣電服務被視為公民權具體實踐的重要形式之一。雖然公共廣播服務之定義因時因地而修訂，但其普遍服務、公共論壇角色、多元多樣服務等功能歷久彌新未曾稍減。《公共廣電法範例》（*Model Public Service Broadcasting Law*）適切點出機構安排關鍵議題：

1. 定位宣示：這是「取之於公眾、用之於公眾、由公眾所治理」的廣電機構。

2. 經費模式：依各國狀況及公廣機構在廣電環境之地位，可有執照費、政府經費、廣告收入以及混合等模式。其中，由於政府經費有政治力量挾經費以干預節目內容、組織運作之虞，因此執照費之獨立、穩定以及與公民付費支持公廣機構所建立的直接聯繫關係，使其成為較理想的公廣經費模式。

3. 公眾治理：由公民社會代表組成治理機制，一如企業股東代表組成之董事會，決定管理團隊之領導者及所有內容之負責人（即總經理或執行長），確保公廣機構日常運作符合期待；另應由專業人士組成監督機制，確保公共經費之有效運用及其運作之透明公開。

4. 管理：公共廣電機構管理運作有雙元特徵——在「市場高度競爭」環境中的「公共服務」。管理團隊其領導者，是既具企業管理專才的執行長，亦為機構所有內容產出負責的總編輯。

公共廣電服務的定義

1. 容許公眾普遍近用之服務。
2. 內容涵蓋各個階層，呈現社會生活樣貌。
3. 為少數族群提供服務，特別是身心障礙或社經弱勢者。
4. 為公共領域服務，獨立自主，不受政、商或特定利益所干預。
5. 以教育公眾為己任。
6. 提供觀眾優質節目，鼓勵內容品質創新與提升。
7. 保障並尊重創作自由。

公共廣電服務的基本原則

1. 普遍性——每位社會成員皆能近用並欣賞其內容。
2. 多樣性——應在節目類型、目標閱聽眾及內容三方面呈現多樣性。
3. 獨立性——應成為排除政、商力量介入的公民論壇。
4. 差異性——即公廣服務應致力於創新，產製出與其他廣電相較後具有差異性、辨識度的內容。

公共廣電服務的議題	
定位宣示	是「取之於公眾、用之於公眾、由公眾所治理」的廣電機構。
經費模式	各國狀況及公廣機構在廣電環境之地位，可有執照費、政府經費、廣告收入以及混合等模式。其中，由於政府經費有政治力量挾經費以干預節目內容、組織運作之虞，因此執照費之獨立、穩定以及與公民付費支持公廣機構所建立的直接聯繫關係，使其成為較理想的公廣經費模式。
公眾治理	由公民社會代表組成治理機制，一如企業股東代表組成之董事會，決定管理團隊之領導者及所有內容之負責人（即總經理或執行長），確保公廣機構日常運作符合期待；另應由專業人士組成監督機制，確保公共經費之有效運用及其運作之透明公開。
管理	公共廣電機構管理運作有雙元特徵——在「市場高度競爭」環境中的「公共服務」。管理團隊其領導者，是既具企業管理專才的執行長，亦為機構所有內容產出負責的總編輯。

UNIT 12-6
公共新聞學（Public Journalism）

提出人：羅森（Jay Rosen, 1956- ），美國紐約大學新聞學教授，他是公共新聞學在學界的主要倡議者，常被媒體形容為公共新聞學運動的知識領袖。

背 景：羅森是第一個採用「公共新聞」名稱的學者，他闡述公共新聞學的著作是 1999 年出版的《記者所為何事？》（*What Are Journalists For?*）一書。

意 義：「公共新聞學」於 1980 年代後期美國民主政治和報業皆處於危機之際興起。在政治上，1988 年總統大選期間充斥攻擊性新聞，相對忽略探討政策議題，造成選風敗壞、投票率低落。在媒體業，不同類型媒體的競爭導致報業面臨閱報率下降的窘境，民眾對媒體的不信任感和不滿增加。新聞業界及學界希望能藉由公共新聞學運動走出傳統新聞意理，另闢新出路，重拾新聞的民主政治功能。

公共新聞作為一組實踐方案，具有三項特色：(1) 目的在加強與公民間的聯繫，改善公共討論並強化公民文化；(2) 認為新聞媒體應扮演更主動的角色協助民主運作，媒體在此過程則不斷定位其任務；(3) 結合平面與電子媒體、學術界及相關組織的力量共同推廣。

公共新聞學強調新聞事業的特殊角色是要積極地服務民主，甚至更特定地說，是要提升並如實地改進公共或市民生活的品質，同時也要扶持公共參與。因此，公共新聞學要求記者：(1) 將人民視為公民，即公共事務的潛在參與者，而非受害者或好奇觀眾；(2) 協助人民採取行動，而不僅是了解本身的問題；(3) 改善公共討論的環境，而非坐視其惡化；(4) 協助公共生活健全運作，以增進大眾對其關切。

由是觀之，服膺公共新聞學的記者並非僅只是客觀，他們還得積極作為；他們並非僅只是啟蒙公眾，教導公眾以價值，更是群聚人們，讓人們共處，他們則提供空間使人們得以談論共同關切的議題。易言之，公共新聞學想要完成的民主角色可說就是哈伯瑪斯所期望的公共論域。

最早實踐公共新聞學的媒體並非精英媒體，而是地方媒體，最常被提及的三家報紙有堪薩斯州的《維契塔鷹報》（*The Wichita Eagle*）、北卡萊納州的《夏洛特觀察人報》（*The Charlotte Observer*），以及維吉尼亞州的《維吉尼亞領航報》（*The Virginian-Pilot*）。

以《維契塔鷹報》為例，該報在 1990 年堪薩斯州州長選舉前倡導選民有權要求候選人深入討論各項議題的理念，並先以民調找出州民最關心的 12 項議題，在選前連續六週的週日版推出專題，報導候選人對各項議題的政見。結果投票率不但顯著上升，選後調查也顯示，選民對這類報導的評價高於過去強調候選人支持度的賽馬式報導，該報發行區的民眾對議題的了解也較多。不過，後來有個失敗的案例是紐澤西州《紀錄報》（*The Record*）在 1996 選舉年實行公共新聞計畫，並未使讀者對選舉過程更有興趣，或對候選人及選情更加了解。

公共新聞的特色

1. 目的在加強與公民間的聯繫，改善公共討論並強化公民文化。
2. 認為新聞媒體應扮演更主動的角色協助民主運作，媒體在此過程則不斷定位其任務。
3. 結合平面與電子媒體、學術界及相關組織的力量共同推廣。

公共新聞學要求記者

1. 將人民視為公民，即公共事務的潛在參與者，而非受害者或好奇觀眾。
2. 協助人民採取行動，而不僅是了解本身的問題。
3. 改善公共討論的環境，而非坐視其惡化。
4. 協助公共生活健全運作，以增進大眾對其關切。

公共新聞的記者

- 並非僅只是客觀，他們還得積極作為。
- 他們並非僅只是啟蒙公眾，教導公眾以價值，更是群聚人們，讓人們共處，他們則提供空間使人們得以談論共同關切的議題。
- 易言之，公共新聞學想要完成的民主角色可說就是哈伯瑪斯所期望的公共論域。

UNIT 12-7
另類媒體（Alternative Media）

提出人：唐寧（John D. H. Downing），美國傳播學者，全球媒體研究中心創辦人。艾頓（Christopher Frank Atton, 1959- ），英國傳播學者。他們是致力於撰述另類媒體課題的其中兩位佼佼者。

背　景：唐寧於 2001 年出版《激進媒體：反叛的傳播與社會運動》（*Radical Media: Rebellious Communication and Social Movements*）一書，而艾頓在 2002 年出版的《另類媒體》（*Alternative media*）一書，闡述他們對另類媒體的觀點。

意　義：「另類媒體」是指那些為了提供有別於主流媒體的論述，甚至是對抗主流文化的傳遞，而與主流媒體對抗的替代性媒體。所謂「對抗」，不僅限於內容取向的差異，而是整個媒體的目的、運作、產製過程、組織等各方面均與奠基的價值相左。20 世紀興起的新社會運動，為「另類媒體」提供了孕育空間。

除了「另類媒體」之外，英文 Alternative Media 尚有其他中譯或稱謂如「替代性媒體」、「異議媒體」、「非主流媒體」等。其實自 1960 年代以來，已有許多用來稱謂「另類媒體」的其他名詞，包括「游擊影像記錄」（guerrilla video）、「海盜電視」（pirate TV）、「社區媒體」（community media）、公民媒體（citizen media）及「激進媒體」（radical media）等。

「激進媒體」乃唐寧所使用的概念，它特別強調另類媒體在挑戰既定權力聯盟方面所扮演的角色。指出激進媒體多是地下媒體，其最大特點是具有抵抗性，致力於掀起引發社會變革的反霸權運動，反抗經濟上的剝削、政治上的壓迫，以及社會關係上的不平等。

整體而言，其對另類媒體的精神之討論，可歸納為以下四點：(1) 在流行文化中直接或間接表達出反對立場；(2) 最積極的主動閱聽人和媒體使用者；(3) 反抗文化與抵抗；(4) 另類媒體寄存於社會運動，與意識覺醒相關聯。

艾頓對另類媒體所下之定義為：「以非標準化、非常規而又具創意的模式來生產及分銷……同時為被排拒於主流媒體生產體制中的人提供民主的討論溝通平臺，以具參與性及反省性的模式營運生產。」

他將另類媒體的共性歸納為下列六點：

1. 由大量非專業人士擔任管理者、編輯和設計者，負責組織與生產。
2. 鼓勵自我管理及強調集體組織，以使更多志願者參與其中。
3. 為了達到更多人參與的平等目標，重新界定出版物所必需的組織和寫作技能。
4. 業餘、非專業作者通過把自己預設為行動主義者並發展報導技巧，以顛覆媒體中的等級秩序，不僅表現了對壓迫關係的激進態度，也體現出生產的激進形式。
5. 能夠為失語者發出聲音，給那些發現自己在主流媒體中失去話語權的人以進入媒體的機會。
6. 另類媒體的實踐表明，一些主流的生產手段可以重新調整和發展，進而更具包容性和更為民主化。

另類媒體

- 為了提供有別於主流媒體的論述，甚至是對抗主流文化的傳遞，而與主流媒體對抗的替代性媒體。
- 所謂「對抗」，不僅限於內容取向的差異，而是整個媒體的目的、運作、產製過程、組織等各方面均與奠基的價值相左。
- 20 世紀興起的新社會運動，為「另類媒體」提供了孕育空間。

激進媒體

- 唐寧所使用的概念，它特別強調另類媒體在挑戰既定權力聯盟方面所扮演的角色。
- 指出激進媒體多是地下媒體，其最大特點是具有抵抗性，致力於掀起引發社會變革的反霸權運動，反抗經濟上的剝削、政治上的壓迫，以及社會關係上的不平等。

另類媒體的精神

1. 在流行文化中直接或間接表達出反對立場。

2. 最積極的主動閱聽人和媒體使用者。

3. 反抗文化與抵抗。

4. 另類媒體寄存於社會運動，與意識覺醒相關聯。

另類媒體的共性

1. 由大量非專業人士擔任管理者、編輯和設計者，負責組織與生產。

2. 鼓勵自我管理及強調集體組織，以使更多志願者參與其中。

3. 為了達到更多人參與的平等目標，重新界定出版物所必須的組織和寫作技能。

4. 業餘、非專業作者透過把自己預設為行動主義者並發展報導技巧，以顛覆媒體中的等級秩序，不僅表現了對壓迫關係的激進態度，也體現出生產的激進形式。

5. 能夠為失語者發出聲音，給那些發現自己在主流媒體中失去話語權的人以進入媒體的機會。

6. 另類媒體的實踐證明，一些主流的生產手段可以重新調整和發展，進而更具包容性和更為民主化。

@ 參考書目

一、中文部分

公共電視策略研發部（2007）。《追求共好：新世紀全球公共廣電服務》。臺北：財團法人公共電視文化事業基金會。

王忠孝（1998）。《大眾傳播理論導論》。臺北：千華。

朵迪克、汪琪（1995）。《尋找資訊社會》。臺北：三民。

成露茜、羅曉南編（2005）。《批判的媒體識讀》。臺北：正中。

李金銓（1989）。《大眾傳播理論》。臺北：三民。

何道寬譯（2007）。《媒介環境學：思想沿革與多維視野》。北京：北京大學出版社（原書：Lum, Casey, M. K. [Eds.] [2006]. *Perspectives on Culture, Technology and Communication: The Media Ecology Tradition*. Cresskill, NJ: Hampton Press.）。

林東泰（2008）。《大眾傳播理論》。臺北：師大書苑。

林東泰（1999）。《大眾傳播理論》。臺北：師大書苑。

林子儀（1993）。《言論自由與新聞自由》。臺北：月旦。

林照真（2009）。《收視率新聞學：電視新聞商品化》。臺北：聯經。

段京肅（2003）。《傳播學基礎理論》。北京：新華。

陳國明、陳雪華（2005）。《傳播學概論》。臺北：巨流。

陳芸芸、劉慧雯譯（2008）。《*McQuail's*大眾傳播理論》。臺北：韋伯（原書：McQuail, Denis [2003]. *McQuail's Mass Communication Theory*. London, UK: Sage.）。

陳柏安、林宜蓁、陳蓉萱譯（2006）。《傳播理論》。臺北：五南（原書：Griffin, E. [2003]. *A First Look at Communication Theory*. New York, NY: McGraw Hill.）。

徐佳士（1984）。《大眾傳播理論》。臺北：臺北市新聞記者公會。

翁秀琪（2008）。《大眾傳播理論與實證》。臺北：三民。

翁秀琪、李東儒、李岱穎譯（1994）。《民意：沉默螺旋的發現之旅》。臺北：遠流（原書：Noelle-Neumann, E. [1992]. *Öffentliche Meinung: Die Entdeckung der Schweigespirale*.）。

郭慶光（1999）。《傳播學教程》。北京：中國人民大學出版社。

郭良文（2010）。〈蘭嶼原住民的另類媒體與發聲：以核廢料與國家公園反對運動為例〉，《中華傳播學刊》，17：43-74。

曹衛東、王曉珏、劉北城、宋偉杰譯（2002）。《公共領域的結構轉型》。臺北：聯經（原書：Habermas, J. [1990]. *Strukturwandel der Öffentlichkeit: Untersuchungen zu einer Kategorie der bürgerlichen Gesellschaft*. Frankfurt am Main: Schurkamp Verlag.）。

陳芸芸、劉慧雯譯（2008）。《特新大眾傳播理論》。臺北：韋伯（原書：McQuail, D. [2000]. *Mass Communication Theory: An Introduction*. London: Sage.）。

陳柏安、林宜蓁、陳蓉萱譯（2006）。《傳播理論》。臺北：五南（原書：Griffin, E. [2003]. *A First Look at Communication Theory* [5th Ed]. New York, NY: McGraw-Hill.）。

陳曉開（2011）。《政治轉型下的媒體與政治：臺灣與義大利的媒介制度比較分析》。世新大學傳播研究所博士論文。

彭懷恩（2003）。《人類傳播理論Q&A=*Human Communication Theory*》。臺北：風雲論壇。

彭文正（2007）。〈第三人效果的理解與疑惑〉。《中華傳播學刊》，12：1-50。

馮建三譯（1994）。《媒介經濟學》。臺北：遠流（原書：Picard, R. G. [1989]. *Media Economic: Concepts and Issues*. Thousand Oaks, CA: Sage.）。

馮建三譯（1992a）。《電視：科技與文化形式》。臺北：遠流（原書：Williams, R. [1974]. *Television: Technology and Cultural Form*. London, UK: Fontana.）。

馮建三譯（1992b）。〈傳播：西方馬克思主義的盲點〉。《島嶼邊緣》，第四期：6-33（原文：Smythe, Dallas [1977], Communications: Blindspot on Western Marxism. *Canadian Journal of Political and Social Theory*, 3 [1]: 1-27.）。

張錦華（1994）。《傳播批判理論》。臺北：黎明文化事業股份有限公司。

張錦華、王雅各主編（1999）。〈女性主義與傳播研究〉。《性屬關係（下）：性別與文化、再現》。臺北：心理。

張錦華、劉容玫譯（2001）。《女性主義媒介研究》。臺北：遠流（原書：van Zoonen, L. [1994]. *Feminist Media Studies*. London, UK: Sage.）。

董素蘭等譯（2000）。《大眾傳播導論》。臺北：學富（原書：Berger, A. A. [1995]. *Essentials of mass communication theory*. London, UK: Sage.）。

鄭貞銘（1995）。《新聞原理》。臺北：五南。

鄭翰林編譯（2003）。《傳播理論Q&A》。臺北：風雲論壇。

鄭植榮譯（1992）。《電子殖民主義》。臺北：遠流（原書：McPhail, T. L. [1987]. *Electronic Colonialism: The Future of International Broadcasting and Communication*. Newbury Park, CA: Sage.）。

蔡樹培（2005）。〈電視新聞性置入行銷：行銷視野之探討〉。《中華傳播學刊》，8：3-15。

翰林編譯（1993）。《大眾傳播理論Q & A》。臺北：風雲論壇。

賴燕珍（2015）。《資訊傳播科技對新聞學變遷的影響》。臺灣世新大學傳播博士學程博士論文。

邊明道、陳心懿譯（2005）。《傳播政策基本原理——電子媒體管制的原則與過程》。臺北：揚智（原書：Napoli, P. M. [2001]. *Foundations of Communication Policy: Principles and Process in the Regulation of Electronic Media*. Cresskill, NJ: Hampton Press.）。

簡妙如等譯（1999）。《大眾傳播媒體新論》。臺北：韋伯（原書：Taylor, L. & Willis, A. [1999]. *Media Studies: Texts, Institutions and Audiences*. Oxford, UK: Blackwell.）。

羅世宏譯（2008）。《傳播理論——起源、方法與應用》，三版。臺北：五南（原書：Severin, W. J. & Tankard, Jr. J. W. [2000]. *Communication Theories: Origins, Methods, and Uses in the Mass Media*. New York, NY: Longman.）。

〈不實報導的辨認訣竅〉（無日期）。《臉書》。取自https://www.facebook.com/help/188118808357379

二、 英文部分

Boorstin, D. (1985). *The Image: A Guide to Pseudo-Events in America*. New York, NY: Atheneum.

Bradshaw, P. (2011, July 7). The inverted pyramid of data journalism. *Online Journalism*. Retrieved from https://onlinejournalismblog.com/2011/07/07/the-inverted-pyramid-of-data-journalism/

Bradshaw, P. (2011, July 13). 6 ways of communicating data journalism (The inverted pyramid of data journalism part 2). *Online Journalism*. Retrieved from https://onlinejournalismblog.com/2011/07/13/the-inverted-pyramid-of-data-journalism-part-2-6-ways-of-communicating-data-journalism/

Breed, W. (1955). Social Control in the Newsroom: A Functional Analysis. *Social Forces*, 33: 326-335.

Carson, J. (2018, November 28). Fake news: What exactly is it – and how can you spot it? *The Telegraph*. Retrieved from https://www.telegraph.co.uk/technology/0/fake-news-exactly-has-really-had-influence/

Case, D. O. (2002). *Looking for Information: A Survey of Research on Information Seeking, Needs, and Behavior*. New York, NY: Academic Press.

Compaine, B. M. (Eds.) (2001). *The Digital Divide: Facing a Crisis or Creating a Myth?* Cambridge, MA: The MIT Press.

Dewey, C. (2016, November 17). Facebook fake-news writer: 'I think Donald Trump is in the White House because of me'. *The Washington Post*. Retrieved from https://www.washingtonpost.com/news/the-intersect/wp/2016/11/17/facebook-fake-news-writer-i-think-donald-trump-is-in-the-white-house-because-of-me/?noredirect=on&utm_term=.7283470023c2

Dijk, J. A. G. M. van (2005). *The Deepening Divide: Inequality in the Information Society*. Thousand Oaks, CA: Sage.

Gerbner, G. (1956). Toward A General Model of Communication. *AV Communication Review*, 4: 175.

Hacker, K. L. & van Dijk, J. (2000). What is Digital Democracy? In K. L. Hacker & J. van Dijk (Eds.), *Digital Democracy: Issues of Theory and Practice* (pp.1-9). London, UK: Sage.

Littlejohn, S. W. & Foss, K. A. (2008). *Theories of Human Communication* (9th Ed.). Belmont, CA: Thomson Wadsworth.

Lorenz, M. (2010). *Data-driven journalism: What is there to learn?* Retrieved from https://de.slideshare.net/escacc/data-driven-journalismperiodisme-de-dades?from_search=6

Lots, A. D. (2003). Communicating Third-wave Feminism and New Social Movements: Challenging for the Next Century of Feminist Endeavor. *Women and Language*, XXVI (1): 2-9.

McQuail, D. (2005). *McQuail's Mass Communication Theory* (5th Ed.). London, UK: Sage.

Mossberger, K., Tolbert, C. J. & McNeal, R. S. (2008). *Digital Citizenship: The Internet, Society, and Participation*. Cambridge, MA: The MIT Press.

Murdock, G. & Golding, P. (1973). For a Political Economy of Mass Communications.

In R. Miliband & J. Saville (Eds.), *The Socialist Register* (pp.205-234). London, UK: Merlin Press.

Rogers, E. M. (1986). *Communication Technology: The New Media in Society*. New York, NY: Free Press.

Siebert, F. S., Peterson, T. B. &.Schramm, W. (1956). *Four Theories of the Press*. Urbana, IL: University of Illinois Press.

White, D. M. (1950). The 'Gatekeeper': A Case Study in the Selection of News. *Journalism Quarterly*, 27: 383-390.

White, D. M. (1964). The 'Gatekeeper': A Case Study in the Selection of News. In. L. A. Dexter, & D. M. White (Eds.), *People, Society and Mass Communications* (pp.160-172). London, UK: Collier-Macmillan.

Youngs, G. (2004). Cyberspace: The New Feminism Frontier? In K. Ross & C. M. Byerly (Ed.), *Women and Media: International Perspectives*. Oxford, UK: Blackwell Publishing.

國家圖書館出版品預行編目資料

圖解傳播理論/梁美珊,莊迪澎編著.--三版.--臺
北市:五南圖書出版股份有限公司, 2022.11
面; 公分

ISBN 978-626-343-367-0（平裝）

1.CST：傳播學

541.831　　　　　　　　　　111014651

1ZE2

圖解傳播理論

編 著 者 － 梁美珊(229.7)　莊迪澎

發 行 人 － 楊榮川

總 經 理 － 楊士清

總 編 輯 － 楊秀麗

副總編輯 － 李貴年

責任編輯 － 黃淑真　李敏華

封面設計 － 姚孝慈

出 版 者 － 五南圖書出版股份有限公司

地　　址：106臺北市大安區和平東路二段339號4樓

電　　話：(02)2705-5066　傳　真：(02)2706-610

網　　址：https://www.wunan.com.tw

電子郵件：wunan@wunan.com.tw

劃撥帳號：01068953

戶　　名：五南圖書出版股份有限公司

法律顧問　林勝安律師

出版日期　2013年10月初版一刷（共三刷）

　　　　　2019年 3 月二版一刷（共四刷）

　　　　　2022年11月三版一刷

　　　　　2023年 9 月三版二刷

定　　價　新臺幣360元

經典永恆・名著常在

五十週年的獻禮——經典名著文庫

五南，五十年了，半個世紀，人生旅程的一大半，走過來了。
思索著，邁向百年的未來歷程，能為知識界、文化學術界作些什麼？
在速食文化的生態下，有什麼值得讓人雋永品味的？

歷代經典・當今名著，經過時間的洗禮，千錘百鍊，流傳至今，光芒耀人；
不僅使我們能領悟前人的智慧，同時也增深加廣我們思考的深度與視野。
我們決心投入巨資，有計畫的系統梳選，成立「經典名著文庫」，
希望收入古今中外思想性的、充滿睿智與獨見的經典、名著。
這是一項理想性的、永續性的巨大出版工程。
不在意讀者的眾寡，只考慮它的學術價值，力求完整展現先哲思想的軌跡；
為知識界開啟一片智慧之窗，營造一座百花綻放的世界文明公園，
任君遨遊、取菁吸蜜、嘉惠學子！